deutsch / english

HAMBURG IN 3-D

Historische Stereofotos von Hamburg

Peter Schnehagen

Wartberg Verlag

Dank
Bedanken möchte ich mich bei meinen Freunden, die mich bei diesem Buch mit Rat und Tat sowie ergänzendem Bildmaterial unterstützt haben. Mein besonderer Dank gilt Peter Herbig und Hannes Wirth für ihre einzigartige Unterstützung. Sie haben mir auch die nötige Motivation gegeben, nicht locker zu lassen und das Ziel nie aus den Augen zu verlieren.

Bildnachweis
Sammlung Peter Schnehagen, Hamburg: S. 7, 8, 10, 12, 14, 18, 20, 22, 24, 26, 28, 30, 32, 34, 38, 40, 42, 44, 46, 48, 50, 52, 54, 56, 58, 60, 62, 64, 66, 68, 70, 72, 74, 80, 82, 84, 86, 88, 90, 92, 94, 96, 98, 102, 104, 106, 108, 110, 112, 114, 116
Sammlung Edgar Brehmer, Hasloh: S. 16, 36, 118
Sammlung Günter Neumann, Hamburg: S. 76
Sammlung Hannes Wirth, Hildesheim: S. 78, 100

Englische Übersetzung: Bill Clancy, Bielefeld

1. Auflage 2010

Satz und Layout: Jochen Ebert, Kassel
Stereoskopische Bildbearbeitung: Peter Schnehagen, Hamburg
Druck: Bernecker MediaWare AG, Melsungen
Buchbinderische Verarbeitung: Büge, Celle

34281 Gudensberg-Gleichen, Im Wiesental 1
Telefon (05306) 9 30 50
www.wartberg-verlag.de
ISBN: 978-3-8313-2230-5

Vorwort | *Preface*

Die Geschichte meiner Heimatstadt und die Gesichter der Stadt auf frühen Fotografien haben mich als gebürtigen Hamburger schon immer besonders interessiert. Durch die stereoskopische Abbildung erhalten die historischen Bilder der Elbmetropole in diesem Band eine völlig neue Dimension: 3-D-Bilder öffnen dem Betrachter im wahrsten Sinne des Wortes das Tor zur Welt und lassen ihn hautnah in die Geschichte der Stadt zwischen Elbe und Alster eintauchen. Auf faszinierend plastische Weise wird eine Zeit lebendig, als Hamburgs Straßen noch von Pferdedroschken geprägt und das Bild des Hamburger Hafens von einem Wald aus Segelschiffsmasten bestimmt wurde.

»Hamburg in 3-D« enthält eine umfangreiche Auswahl sehr seltener 3-D-Aufnahmen des alten Hamburgs, die zwischen 1861 und 1910 entstanden sind. Aufwendig restauriert und speziell aufbereitet für den 3-D-Druck werden diese aus Privatsammlungen stammenden Raritäten erstmalig zusammenhängend veröffentlicht. Den im Original wiedergegebenen Stereokarten werden die zu großformatigen 3-D-Anaglyphen umgewandelten Motive gegenübergestellt.

Mit diesem Buch eröffnet sich ein faszinierendes räumliches Bild Hamburgs, wie es vor 100 bis 150 Jahren ausgesehen hat. Setzen Sie die beiliegende 3-D-Brille auf und begleiten Sie mich auf einem virtuellen Rundgang um die Binnenalster entlang der Fleete und zum Hafen an der Elbe. Schauen Sie scheinbar durch die Seiten des Buches hindurch wie durch ein Fenster auf das Hamburg des 19. und 20. Jahrhunderts, auf Straßenzüge, Menschen und Märkte, alte Gemäuer, Speicher und Fleete und auf den alten Hamburger Hafen. Viel Vergnügen auf dieser Zeitreise wünscht Ihnen

Peter Schnehagen

The history of my hometown and the history of the city shown on earlier photos have especially interested me as I was born in Hamburg. Through the stereoscopical images, the historical photos of this city on the Elbe river create a totally new dimension. For the beholder, he sees literally the 3-D photos in the true sense of the word: the gateway to the world and allow him to dive into the history of the city of Hamburg situated between the Elbe and Alster. In a fascinating way, time is brought to life once again with horse drawn carriages on the streets of Hamburg and the Hamburg harbour with its sea of sailing masts.

»Hamburg in 3-D« contains a large variety of very rare 3-D images of old Hamburg which were taken between 1861 and 1910. Carefully and elaborately restored and specially prepared for the 3-D printing originating from a rare private collection and put together for public viewing. Those reproduced original stereo cards have become large scale formats transformed into 3-D anaglyphs.

This book opens a fascinating insight into Hamburg and how it looked 100 to 150 years ago. Put on your 3-D glasses and accompany me through a virtual tour around the Binnenalster, the canals and the harbour on the Elbe. Take a look on the pages of this book through an imaginary window onto Hamburg of the 19th and 20th centuries with its streets scenes, people and markets, old walls, warehouses and canals and the old Hamburg harbour.
Now, enjoy the trip back into time!

Peter Schnehagen

Die Geschichte der Stereoskopie | *The History of Stereoscopy*

Mit zwei Augen sieht man mehr als nur mit einem. Warum? Durch die unterschiedliche Perspektive unserer beiden Augen im Abstand von etwa 6,5 cm entstehen auf der Netzhaut zwei leicht unterschiedliche zweidimensionale Bilder. Diese Informationen werden von unserem Gehirn blitzschnell zu einem dreidimensionalen Bild verschmolzen. Das räumliche Sehen verdanken wir also unseren beiden Augen. Mit nur einem Auge sehen wir flach, ohne Wahrnehmung der Tiefe.

Der Begriff »stereo« kommt aus dem Griechischen und bedeutet etwa so viel wie räumlich. Es war der griechische Mathematiker Euklid, der bereits 300 Jahre vor Christi Geburt in seinen Schriften die ersten Erläuterungen über das doppeläugige Sehen veröffentlicht hat.

Wie räumliches Sehen funktioniert, ist also nicht erst seit heute bekannt. Doch erst im Juni 1838 konnte der englische Physiker Charles Wheatstone (1802–1875) der Royal Society in London den Nachweis erbringen und den Anwesenden im wahrsten Sinne des Wortes vor Augen führen, dass das räumliche Sehen auf zwei unterschiedlichen zweidimensionalen Bildinformationen des linken und rechten Auges beruht. Er tat dies anhand von zwei gezeichneten stereoskopischen Halbbildern. Diese enthielten einfache räumliche Geometrien wie Kugeln oder Quader in leicht unterschiedlicher perspektivischer Darstellung. Für die Vorführung seiner Entdeckung konstruierte er einen Betrachtungsapparat, den er »Stereoskop« nannte. Man schaute mit dem linken Auge über einen Spiegel auf die linke Zeichnung und mit dem rechten Auge entsprechend auf die rechte Zeichnung. Genau wie bei der Wahrnehmung der natürlichen Umgebung verschmolzen die Zeichnungen im Gehirn zu einem 3-D-Bild und entfalteten ihre räumliche Wirkung. Charles Wheatstone war es damit erstmals gelungen, das normale räumliche Sehen anhand von gezeichneten Bildern zu simulieren.

Als der Franzose Louis Daguerre (1787–1851) und der Engländer William Henry Fox Talbot (1800–1877) im darauffolgenden Jahr die ersten fotografischen Verfahren vorstellten, war es nur allzu naheliegend, 3-D-Bilder auch auf fotografischem Wege herzustellen. Zunächst benutzte man dafür eine gewöhnliche Kamera mit einem einzelnen Objektiv, die man für die zweite Aufnahme um den Augenabstand verschob. Statt der Zeichnungen steckte man nun diese

You can see more with two eyes as with one. Why? Through the different perspectives of our eyes and a distance of some 6,5 cm, there are two slightly different two-dimensional pictures we can see with the retina. This information is quickly transferred to our brain and merged. We can thank both eyes for the spatial vision. The one eye perceives a flat shallow depth.

The term »stereo« comes originally from Greek and means spatial. It were the Greeks or more exactly a Greek mathematician called Euklid who, 300 years before Christ was born, publicly explained and commented on the double-eye vision.

The explanation on how spatial vision works, has been known since the end of 19th century. Then in June 1838, an English physicist called Charles Wheatstone (1802–1875) explained to the Royal Society in London, that the spatial vision is based on two different two-dimensional picture information of the left and right eye. He did this by means of two drawn stereoscopical half-pictures. These were comprised of simple spatial geometrical forms, for example spheres or cuboid forms in slightly different perspective appearance. In order to demonstrate his invention, he constructed a portable viewing apparatus which he called a »stereoscope«. You looked with the left eye at a mirror to the drawing to the left and with the right eye at a mirror to the drawing to the right. Exactly through this perception one had the natural surrounding area merged along with the drawings in the brain and caused a 3-D photo which unfolded its spatial effect. Charles Wheatstone was the first to succeed to simulate the normal spatial effects with drawn pictures.

In the following year the Frenchman Louis Daguerre (1787–1851) and the Englishman William Henry Fox Talbot (1800–1877) presented their first photographical techniques. It was too obvious to produce 3-D photos in photographical manner. At first one used a normal camera along with a single objective which one needed to move or shift the shot from the distance from the eye. Instead of using drawings, one placed both of the photos in the stereoscope and was able to see the reality through a 3-D image.

The construction of the first real stereo camera with two objectives was thanks to the Scotsman David Brewster (1781–1868) in 1849 where we can finally say that this was the birth of the stereo photography. Such a stereo camera enabled the photographer for the very first time

beiden Fotografien in das Stereoskop und konnte so ein dreidimensionales Abbild der Realität sehen.
Den Bau der ersten echten Stereokamera mit zwei Objektiven im Augenabstand durch den Schotten David Brewster (1781–1868) im Jahre 1849 kann man schließlich als die Geburtsstunde der Stereofotografie bezeichnen. Mit einer solchen Stereokamera war es erstmals möglich, die Ansichten für das linke und das rechte Auge gleichzeitig aufzunehmen. Zwei identische Objektive anstelle der Augen ahmen in der Stereofotografie das räumliche Sehen nach. Zwei unterschiedliche Aufnahmen durch ein optisches Hilfsmittel betrachtet erzeugen eine Raumwirkung, als wäre der Betrachter mit eigenen Augen dabei gewesen.
Brewster verbesserte auch das Betrachtungsgerät für Stereobilder und entwickelte ein handlicheres Stereoskop. Der Erfolg stellte sich jedoch erst ein, als der Optiker und Geschäftsmann Jules Duboscq (1817–1886) einige Stereo-Daguerrotypien anfertigte. Zusammen mit den Brewster-Stereoskopen führte er sie 1851 dem begeisterten Publikum der Londoner Weltausstellung vor. Sogar die britische Königin Victoria war fasziniert.
Fast explosionsartig verbreitete sich die Stereoskopie in den Folgejahren weltweit. In jeder Guten Stube der gehobenen Gesellschaft fand man ein Stereoskop, mit dem sich die Familie an den plastischen Bildern mit Hingabe erfreute. Um den Nachschub zu decken, ließen zahlreiche europäische und amerikanische Verlage wie z. B. Underwood & Underwood, die Keystone View Company und die H. C. White Company ihre 3-D-Fotografen in alle Welt ausschwärmen und erstellten zahlreiche Stereokarten mit Motiven von fernen Ländern und fremden Völkern. Auch das pulsierende Leben im alten Hamburg hielten die 3-D-Fotografen seinerzeit im Auftrag ihrer Verlage fest. Manche, wie die amerikanische Stereo Travel Company, sogar nur ein einziges Mal. Bei ihrem Hamburg-Besuch im Jahre 1910 ließen sie sich nicht durch »Standardmotive« beeindrucken, sondern machten ihre Aufnahmen meist abseits ausgetretener Pfade. Die Karten der Stereo Travel Company und auch der Keystone View Company bestechen noch heute durch ihre bemerkenswerte Qualität und ihren faszinierenden Detailreichtum. Auch die um 1900 erschienenen Stereokarten der Neuen Photographischen Gesellschaft (NPG) aus Berlin-Steglitz überzeugen mit einer teilweise exzellenten Qualität. Die meisten Abbildungen in diesem Band stammen aus letztgenanntem Verlag.

to capture the images for the left and right eye at the same time. Two identical objectives instead of eyes imitated the stereo photography of the spatial vision. By viewing through optical aid, it was possible to take two shots and leave a friendly effect on those viewing the pictures and with their own eyes as if they were actually there.
Brewster improved his portable viewing apparatus for stereophotos and developed a portable stereoscope. Success showed itself first after the optician and businessman Jules Duboscq (1817–1886) produced some stereo-Daguerreotypes. Together with the Brewster stereoscopes, he demonstrated them to enthusiastic crowds at the World Exposition in London in 1851. Even the British Queen Victoria was fascinated.
The phenomenal spread of the stereoscopy in the following years took place worldwide. In every parlour of upper class society, a stereoscope was to be found where the families looked forward with devotion to the three-dimensional pictures.
In order to cover the demand, numerous European and American publishing houses such as Underwood & Underwood, Keystones View Company and the H. C. White Company got their 3-D photographers to fan out around the world. They were to produce large numbers of stereo cards with motifs of far away countries and foreign cultures. The pulsating life in Hamburg also caught the attention of the 3-D photographers which they were assigned to capture by their publishing houses. Some like the American Stereo Travel Company came to Hamburg only once. During their Hamburg visit in 1910, they did not take standard motifs and were not influenced by them but rather took photos off the beaten path. The cards of the Stereo Travel Company and the Keystone View Company still captivate today a special quality around their fascinating details. Around 1900 stereo cards appeared from the New Photographical Society (NPG) based in Berlin-Steglitz. They have convincingly excellent quality and most of the images in this book originate from this publishing house.
After the euphoria in the New World faded away at the end of the 19th century, a new wave of 3-D euphoria came back in the 1920s and 1950s. Enthusiastic followers of the three-dimensional pictures organized themselves in the German Stereoscopic Society (DGS). To this day, it has remained the contact point for ambitious photographers of 3-D. An international meeting point for 3-D-enthusiasts is the International Stereoscopic Union (ISU).
Experts in 3-D circles often possess a special talent when they view 3-D pictures. They call it »free viewing« while observing the pairs of

Nachdem die Euphorie in der Neuen Welt bereits kurz vor Ende des 19. Jahrhunderts abebbte, gab es in den 1920ern und 1950ern erneute Wellen der 3-D-Euphorie. Begeisterte Anhänger des dreidimensionalen Bildes haben sich frühzeitig in der Deutschen Gesellschaft für Stereoskopie e.V. organisiert, sie ist bis heute Anlaufstelle für ambitionierte 3-D-Fotografen geblieben.
Fachleute in 3-D-Kreisen beherrschen oft auch einen speziellen Blick, um sich 3-D-Bilder anzuschauen. Sie nennen das neudeutsch »free viewing«, und meinen das freiäugige Betrachten dieser Bildpaare. Trick dieses sogenannten »Parallelblicks« ist es, die Augen wie beim Blick in die Ferne auszurichten und dadurch das linke Bild mit dem linken Auge und das rechte Bild mit dem rechten Auge zu betrachten.
Für all diejenigen, die diese Blicktechnik nicht beherrschen und auch kein Stereoskop zur Hand haben, sind den Stereokarten die zu 3-D-Anaglyphen umgewandelten Motive großformatig gegenübergestellt. Anaglyphen sind Stereobilder, bei denen das linke und rechte Bild in Komplementärfarben eingefärbt und übereinander gedruckt werden. Üblicherweise verwendet man heute für das linke Bild Rot und für das rechte Bild Cyan. Durch eine Brille mit rotem und cyan-farbenem Filter, eine sogenannte Anaglyphenbrille, betrachtet, werden linkes und rechtes Bild wieder getrennt, so dass man mit dem linken Auge nur das linke Bild und mit dem rechten Auge nur das rechte Bild sieht. Da die Farbe für die Bildtrennung verwendet wird, ist es einleuchtend, dass die 3-D-Bilder im Ergebnis wieder genauso schwarz-weiß erscheinen wie die Originale.

Peter Schnehagen

Weiterführende Informationen | *Further Information*

- Deutsche Gesellschaft für Stereoskopie e.V. (DGS): www.stereoskopie.org
- International Stereoscopic Union (ISU): www.ISU3D.org

pictures without 3-D glasses only using their eyes. The trick to this so called »parallel viewing« is, that the eyes are oriented in the distance and the photo on the left is viewed by the left eye and the right photo is viewed by the right eye.
For all those who neither possess this talent nor have a stereoscope, the stereo cards motifs have been contrasted to the 3-D anaglyphs. Anaglyphs are stereophotos of which the left and right sides of the pictures have become complimentary colours and have been printed one on top of the other. It is common nowadays to use red for the picture on the left and cyan for the picture on the right. Using glasses with red and cyan-coloured filter a so-called anaglyph glass can be viewed through. Pictures are separated so that one can see the photo on the left with the left eye and the photo on the right with the right eye due to the colouring separating the pictures. It is clear that the 3-D pictures results appear in black and white just like in the originals.

Peter Schnehagen

Literaturverzeichnis | *Bibliography*

- Sammlung Bokelberg, Hamburg in frühen Photographien 1848–1888, Hamburg, 1989.
- Gerhard Kuhn, Stereofotografie und Raumbildprojektion. Die neue Dimension für Diafotografen, Gilching, 1992.
- Fritz Lachmund, Die Altstadt Hamburgs in Bilddokumenten, Hamburg, 1968.
- Fritz Lachmund, Alt-Hamburg durch die Camera, Hamburg, 1972.
- Rolf Müller, Zwischen Binnenalster und Baumwall, Das alte Hamburg im Spiegel der Photographie 1855–1888, Hamburg, 1957.
- Paul Wietzorek, Das historische Hamburg, Petersberg, 2008.
- Hannes Wirth, Hildesheim in 3-D, Stereofotos aus Alt-Hildesheim, Hildesheim 2009.

Hamburg heute. Der Jungfernstieg | *Hamburg today. The Jungfernstieg*

Alsterdamm | *Alsterdamm*

Da das Bild der Hamburger Innenstadt durch die Alster geprägt wird, liegt es nahe, sich das historische Hamburg mit einem Rundgang um die Binnenalster zu erschließen.
Beginnen wir an der Lombardsbrücke und blicken von hier über die Binnenalster hinüber auf den nach dem großen Stadtbrand von 1842 aufgeschütteten Alsterdamm.
Rechts im Hintergrund sehen wir vor der Petrikirche das Verwaltungsgebäude der HAPAG Reederei, das Albert Ballin hier errichten ließ. Ballin, seit 1888 im Vorstand der HAPAG, späterer Generaldirektor der Hamburg-Amerika-Linie, hatte maßgeblichen Anteil am Erfolg der Reederei. Ihm zu Ehren wurde der Alsterdamm 1947 in Ballindamm umbenannt.

Because of the Alster strongly characterizing the Hamburg city center, we start our walking tour through historical Hamburg around the Binnenalster at the Alsterdamm.
Starting at the Lombard bridge and catching a glimpse, we are looking across the Binnenalster and beyond we see the Alsterdamm heaped and filled in after the fire of 1842.
In the background on the right, in front of the Petri Church, we see the administration building of the HAPAG shipping company that was commissioned by Albert Ballin. Mr. Ballin became chairman of the HAPAG in 1888 and later became general director of the Hamburg-Amerika-Line. He was mainly responsible for the success of the shipping company. In 1947, the Alsterdamm was renamed Ballindamm in his honour.

Alsterdamm | *Alsterdamm*

Rund um die Binnenalster | *Around the Binnenalster*

Jungfernstieg | *Jungfernstieg*

Bewegen wir uns entlang der Binnenalster auf das Rathaus zu, blicken wir in Höhe Alstertor über diese mit Holz beladenen Leichter und Ewer über die Reesendammbrücke hinweg auf die Alsterarkaden mit dem Hotel St. Petersburg.

Bis in die 1970er Jahre war die Alster ein wichtiger Transportweg für den Warenverkehr. Die Fleete dienten dem Gütertransport mit Schuten vom Hafengebiet zur Binnen- und Außenalster.

Im Anblick des 3-D-Fotografen machten die »Schutenschubser« offensichtlich »Fofftein«, auf hochdeutsch: Sie machten Pause und staunten ...

As we move along the Binnenalster towards the City Hall, we see on a level with the Alstertor across a barge loaded with wood and across the Reesendammbrücke (Bridge) the Alsterarkaden (Arcade) and the Hotel St. Petersburg.

Until the mid-1970s, the Alster served as an important transportation route for freight. The »fleete« or canals served the harbour area and connected the Binnen and Aussenalster with barges transporting goods.

In this 3-D photo you can see the men taking a break and gazing around.

Jungfernstieg vom Alstertor, um 1880 | *Jungfernstieg from the Alstertor, around 1880*

Rund um die Binnenalster | *Around the Binnenalster*

Binnenalster | *Binnenalster*

Mehr dem Freizeitspaß als dem Gütertransport vom Hafen zur Binnenalster scheinen diese Boote zu dienen, die der bärtige Mann mit Zigarre und Hut vor der Gaslaterne zu bewachen scheint. Vielleicht wartete er mit seinen Ruderbooten und den beiden kleinen Seglern auf Kundschaft.

Hinter den beladenen Schuten auf dem Weg zur Schleuse an der Kleinen Alster erkennen wir den Anleger und zwei Alsterdampfer, die sichtbar viel Zuspruch bekamen.

It seems that this freighter from the harbour to the Binnenalster serves more the purpose of leisure and fun rather than transporting goods. The well-fed bearded man with cigar and hat and leaning against a gas lantern seems to be guarding the boats.

Perhaps he was waiting with his rowing boats and both of his sailing boats for customers to no avail.

Behind the loaded barges on their way to the locks on the small Alster we can see the piers and two Alster steamers which seem to attract more attention.

Die Binnenalster, um 1896 | *The Binnenalster; around 1896*

Rund um die Binnenalster | *Around the Binnenalster*

Alsterarkaden | *Alsterarkaden*

Wenden wir uns von der letzten Aufnahme nach links, so erreichen wir über die Kleine Alster die Alsterarkaden.
Nachdem der Brand 1842 große Teile der Stadt vernichtete, nutzte man die Chance für eine komplette Neugestaltung des Bereiches zwischen Binnenalster und Börse. An der Planung war der Architekt Alexis de Chateauneuf maßgeblich beteiligt, der die Alsterarkaden am neu gestalteten Becken der Kleinen Alster nach venezianischem Vorbild entwarf, wobei er sich am Markusplatz in Venedig orientierte.
Der unbekannte 3-D-Fotograf richtete seine Kamera von der Schleusenbrücke aus auf die weiß verputzten Rundbögen der Alsterarkaden mit den Schiffern im Vordergrund.

Turning from the last photo going left we reach the Alsterarkaden (arcade) via the small Alster.
After the fire of 1842 where a large part of the city was destroyed, one took the opportunity to completely redesign the area between the Binnenalster and the Exchange Market. The architect, Alexis de Chateauneuf, played a decisive roll in designing the Alsterarkaden and the pond called small Alster according to the Venetian model. He used the Marcus Square as his orientation point.
The unknown 3-D photographer points his camera from the Schleusenbrücke (Dock Bridge) facing the white polished round arches of the Alsterarkaden with ships in the foreground.

Die Alsterarkaden von der Schleusenbrücke gesehen | *The Alsterarkaden seen from the Schleusenbrücke (the Dock Bridge)*

Alsterarkaden | *Alsterarkaden*

Der von Chateauneuf entworfene Arkadengang im italienischen Stil hat sein charakteristisches Aussehen im Wesentlichen bis heute bewahrt. Vom Jungfernstieg aus schauen wir durch den Bogengang in Richtung Adolphsbrücke. Erst im Jahre 1905, nach dem Abriss des Hotels St. Petersburg und dem Bau des Neidlinger-Hauses, wurden die neuen Säulen im Vordergrund errichtet und die Arkaden um ein Geschoss aufgestockt.
Am 31. Dezember 1989 fielen große Teile der Alsterarkaden einem durch Brandstiftung im 1. Stock ausgebrochenen Feuer zum Opfer. Dabei konnte nur die Außenfassade in den oberen Stockwerken gerettet werden. 1993 stellte man den Gebäudekomplex komplett im ursprünglichen Stil wieder her.

The Arkaden Passage, designed by Chateauneuf in Italian style has maintained its characteristical appearance up until today. Looking from the Jungfernstieg, we glimpse through the archway towards the Adolphsbrücke (Adolph Bridge). In 1905, after the demolition of the Hotel St. Petersburg and the construction of the Neidlinger buildings, the pillars in the foreground were erected. An additional floor was added onto the Arkade.
On December 31st 1989, the Alsterarkaden (Arcade) fell victim to arson, where fire broke out on the first floor. Only the exterior facades were able to be saved on the upper floors. In 1993, the building complex was totally rebuilt in its original style.

Alsterarkaden, um 1906 | *Alsterarkaden, around 1906*

B. SILBERBERG,

Rund um die Binnenalster | *Around the Binnenalster*

Rathausmarkt und Börse | *Market at City Hall and Stock Exchange*

Nachdem das Feuer des Großen Brandes von 1842 das alte Hamburger Rathaus an der Trostbrücke vernichtet hatte, plante man an der Kleinen Alster den Wiederaufbau eines neuen Rathauses.
Während mit dem vorrangigen Wiederaufbau der Stadt relativ schnell begonnen werden konnte, blieb der Bau des neuen Rathauses in der Planung stecken. Zu viele am Entscheidungsprozess beteiligte Personen machten eine Entscheidung unmöglich. Dann bremste die Revolution von 1848 das Vorhaben und die Wirtschaftskrise von 1857 sorgte für eine Planungspause, nachdem es bereits einen Sieger einer internationalen Ausschreibung gegeben hatte. Von den Alsterarkaden blicken wir auf den Rathausgarten und die dahinter liegende Börse.

After the Great Fire of 1842 which destroyed the old Hamburg City Hall located at the Trostbrücke (Bridge of Consolation) plans were made to rebuild a new city hall near the small Alster.
The rebuilding of the city which was of prime importance and got off to a rather quick start but the rebuilding of a new city hall was hindered. There were too many people taking part in the decision making process which made it impossible to take a decision. Then the revolution of 1848 put a stop to the plans and in 1857 the economic recession put the plans on hold after a winner had been named from an international competition. From the Alsterarkaden we have a look onto the city hall garden and the stock exchange behind it.

Rathausmarkt und Börse, 1877 | *Market at City Hall and Stock Exchange, 1877*

Rathaus | *City Hall*

Schließlich erfolgte die Planung und Erbauung des sechsten Hamburger Rathauses von 1886 bis 1897 durch eine Gruppe mehrerer Achitektenbüros, dem sogenannten »Rathausbaumeisterbund«, unter Leitung von Martin Haller. Am 26. Oktober 1897 konnte das Rathaus feierlich seiner Bestimmung übergeben werden.
Das Rathaus besteht aus einem dreiflügeligen Granit- und Sandsteinbau mit einer 111 Meter breiten Fassade mit Renaissance-Elementen. In der Mitte ragt der markante 112 Meter hohe Turm auf. Wegen des morastigen Untergrundes ruht es auf 4000 in den Boden gerammten Pfählen.

Finally, the planning and construction of Hamburg's sixth city hall from 1886 till 1897 was carried out by a group of several architect's offices, the so-called »union of city hall architects« under the direction of Martin Haller. On October 26, 1897, the city hall was officially opened with a ceremony.
The city hall consists of a three-winged granite and sandstone building with a 111-metre-long façade with Renaissance elements. The prominent 112-metre-high steeple juts out from the middle. Due to the muddy subsoil, the city hall is resting on 4000 trunks that were rammed into the ground.

Rathaus, um 1906 | *City Hall, around 1906*

Rathaus | *City Hall*

Durch das Hauptportal mit der reich verzierten schmiedeeisernen Gittertür gelangt man in eine große Säulenhalle, die öffentlich zugängliche Rathaus-Diele. Zwei große Treppenhäuser führen von der Diele zum Senatsflügel auf der rechten und zum Bürgerschaftsflügel auf der linken Seite.
Auf den 16 Sandsteinsäulen, die das Gewölbe tragen, repräsentieren Reliefs bürgerlicher Persönlichkeiten bürgerliche Werte und stehen damit im Kontrast zu den Kaisern und Königen der Außenfassade.

Passing through the main entrance with its richly decorated wrought iron grid door, you enter a large hall with pillars where you find the city hall foyer which is publicly accessible. There are two large staircases leading from the foyer to the senate on the right side and the city council on the left side
On the arches there are 16 sandstone pillars representing reliefs depicting well-known citizens of the city and their values in contrary to the emperors and kings depicted on the external façade.

Rathaus, Eingangshalle | *City Hall, Main Entrance*

Kaiser-Wilhelm-Denkmal | *Emperor William Statue*

Auf einem erhöhten Plateau gegenüber dem Rathaus steht das bronzene Reiterstandbild Kaiser Wilhelms I. auf einem sechs Meter hohen verzierten Granitsockel. Es zeigt den Kaiser in Uniform und mit Pickelhaube zu Pferde.
Die feierliche Enthüllung des Denkmals fand am 20. Juni 1903 in Anwesenheit des Kaisers Wilhelm II., dem Enkel Wilhelms I., statt.
Bei der verkehrstechnischen Umgestaltung des Platzes im Jahre 1930 entfernte man das Denkmal vom Rathausmarkt. Dies war dann auch im Sinne der Sozialdemokraten in der Bürgerschaft, denen das monarchische Emblem am Rathausmarkt schon lange ein Dorn im Auge war. Man versetzte es zu den Anlagen am Holstenwall, von wo dann 1961 das Reiterstandbild an seinen heutigen Standort auf den Johannes-Brahms-Platz auf einen schlichten Betonsockel wechselte.

Located on a small elevation opposite city hall is a bronze statue of Emperor William I mounted on a six-meter-high decorated granite base. It depicts the Emperor in uniform and spiked helmet on a horse.
The unveiling of the monument took place on June 20th 1903 in the presence of Emperor William II, William I grandson.
In 1930 due to the traffic engineering replanning of the square, the statue was removed from the city hall market (Rathausplatz). For the Social Democrats in the city council this came as good news as the monarchial emblem had been a thorn in the side for them. The statue was moved to Holstenwall then in 1961, was moved once again to its present site on the Johannes Brahms Square and placed on a simple white concrete base.

35. Hamburg. Kaiser Wilhelm-Denkmal.

Kaiser-Wilhelm-Denkmal, um 1906 | *Emperor William Statue, around 1906*

Albert Loevinich

Rund um die Binnenalster | *Around the Binnenalster*

Reesendammbrücke | *Reesendammbrücke*

Wir stehen wieder vor den Alsterarkaden, den Blick diesmal 90 Grad nach links zurück zum Alsterdamm gerichtet.
Eine Gruppe von Frauen mit langen Gehröcken und Hut bekleidet, begleitet von ihren Männern, schreitet auf den Jungfernstieg zu, während sich das Mädchen am Straßenrand lieber mit ihrem neuen Hula-Hoop-Reifen vergnügt.

Once again we are standing in front of the Alsterarkaden (arcade) with a view of 90 degree looking left back at the Alsterdamm.
A group of ladies dressed in long skirts and hats accompanied along with their husbands, walk towards the Jungfernstieg. A young girl takes pleasure in playing with her new hula hoop on the side of the street.

Reesendammbrücke | *Reesendammbrücke*

Jungfernstieg | *Jungfernstieg*

Diese 1905 entstandene Aufnahme zeigt, wie sehr sich der Großstadtverkehr auf dem Jungfernstieg trotz Straßenbahn und Droschken damals noch in Grenzen hielt.
Wie an einem heutigen Taxenstand warteten die Kutscher mit ihren leicht gebauten, gut gefederten Einspännern auf internationale Kundschaft, die in den benachbarten renommierten Hotels Quartier bezogen hatte.
Der Hamburger Bürger fuhr inzwischen mit einer der ersten elektrischen Straßenbahnen auf offener Hinterplattform zum Eppendorferbaum.

This shot taken in 1905 shows how traffic in a big city on the Jungfernstieg despite streetcars and hackney carriages back then were kept within limits.
Like a taxi stand today, carriages with their lightly built and good springsupported buggies wait for international guests from the nearby renowned hotels in the neighbourhood.
Meanwhile, the Hamburger citizen rode in the first electrically powered streetcar with an open back platform to Eppendorferbaum.

Jungfernstieg, um 1905 | *Jungfernstieg, around 1905*

17

Jungfernstieg | *Jungfernstieg*

Etwas gemächlicher trieb es diesen jungen Mann im Gehrock mit steifem Hut voran. Er flanierte auf dem damals mehr als die Hälfte der Gesamtbreite des Jungfernstiegs einnehmenden Gehweg an der Seite zur Binnenalster in Richtung Alsterpavillon.
Prägend für den Prachtboulevard war die weit über Gehweg und Straße ragende, reich verschnörkelte elektrische Straßenbeleuchtung.

This young man is walking somewhat leisurely in his frock-coat and rigid hat. He is promenading on the side walk of the Jungfernstieg, that back then took more than half of the overall width along the Binnenalster towards the Alster pavilion.
Characteristic of the splendour boulevard at that time were the projecting and richly ornated electrical street lighting.

Am Jungfernstieg, um 1906 | *At the Jungfernstieg, around 1906*

Zeitungsstand am Jungfernstieg | *Newsstand on the Jungfernstieg*

Um 1906 gab es bereits ein beträchtliches Angebot an Zeitungen und Zeitschriften an diesem Zeitungsstand am Jungfernstieg.
Lange Zeit beliebt waren bei der Leserschaft die »Hamburger Woche« und die »Berliner Illustrierte Zeitung«. Gerne griff man aber auch zu den satirischen Wochenzeitungen »Simplicissimus« und »Kladderadatsch«.

Around 1906, there was a substantial offer on newspapers and magazines seen here at the newsstand on the Jungfernstieg.
The »Hamburger Woche« and the »Berliner Illustrierte Zeitung« were quite popular among readers for a long time. At times readers also grabbed the satirical weekly newspapers such as the »Simplicissimus« and »Kladderadatsch«.

Zeitungsverkauf, um 1906 | *Selling newspapers, around 1906*

SIMPLICISSIMUS
Illustrirte Zeitung

Anleger am Jungfernstieg | *Pier on the Jungfernstieg*

Eng ins Korsett gezwängt, mit Wespentaille, strebte die junge Frau an der Seite ihres Verehrers dem Bootsanleger zu; gefolgt von einer Familie mit ihrer kleinen Tochter.
Bereits seit Ende der 1850er Jahre verkehrten die ersten Dampfschiffe auf Binnen- und Außenalster im Liniendienst, um die Jahrhundertwende luden bereits um die 30 Dampfer zu Fahrten auf der Alster ein und erfreuen sich bis heute großer Beliebtheit.

Wedged tightly in the corsette with a wasp-waist, a young lady tries to keep up on the side of her admirer walking towards the boat pier followed by a family with their small daughter.
As early as the late 1850s the first steam ships were operating on the Binnen and Aussenalster on a schedule basis. At the turn of the century there were about 30 steamers offering their services on the Alster and even today they are very popular.

Alsterdampfer-Anleger am Jungfernstieg | *Alster Steamer Piers on the Jungfernstieg*

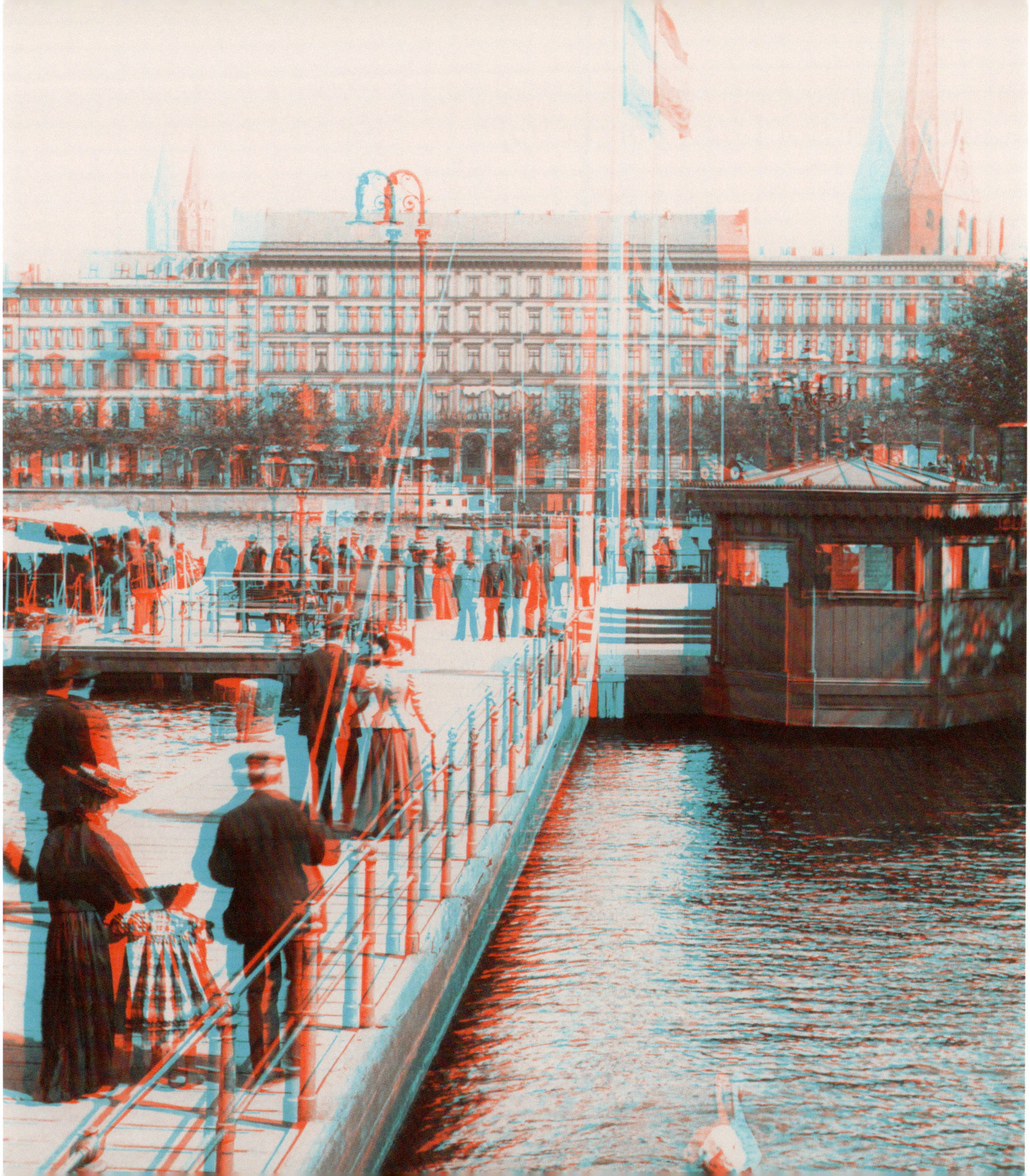

Rund um die Binnenalster | *Around the Binnenalster*

Hamburger Hof | *Hamburger Hof*

Mit der prunkvollen Neugestaltung des Jungfernstiegs um 1900 bekam auch der Bereich vom Anleger der Alsterdampfer bis zum neuen, nunmehr vierten, Alsterpavillon ein neues Gesicht. In großzügigem Bogen flanierte man um die Blumenrabatten herum geradewegs zu auf den Hamburger Hof mit seinem reich mit Giebeln und Turmspitzen verzierten Dach.
Das florierende Luxushotel, welches als eines der besten Häuser der Stadt galt, entstand um 1881 nach Entwürfen der Architekten Hanssen & Meerwein aus rotem Mainsandstein. 1917 zu einem Kontorhaus umgebaut und 1944 durch Bombenangriffe seines Daches beraubt, modernisierte man den Hamburger Hof in den 1970ern zu einem modernen Büro- und Geschäftshaus.

After the magnificent redesigning of the Jungfernstieg around 1900, the area around the piers where the steamers docked received also a fourth pavilion with a face lift. In a very generously shaped arch one can stroll along the flower-potted landscape to the Hamburger Hof with its numerous gables and pointed towers and richly decorated roof.
The flourishing luxury hotel (Hamburger Hof) which was considered one of the best establishments in the city came into being with its red sandstone from the Main region around 1881 according to designs from the architect Hanssen & Meerwein. The hotel was changed into an office building in 1917 and in 1944 after the air attack lost its splendidly decorated roof. Ultimately the Hamburger Hof was modernized in the 1970s into a modern office complex.

Hamburger Hof und Alsterpavillon, um 1906 | *Hamburger Hof and Alster Pavilion around 1906*

Straßenbahn auf dem Jungfernstieg | *Streetcar on Jungfernstieg*

Bereits 1894 nahm eine elektrische Straßenbahn auf einer Ringlinie um die Innenstadt ihren Betrieb auf.
Ursprünglich führte der Straßenbahnverkehr vom Rathaus- zum Gänsemarkt durch die enge Poststraße und Gerhofstraße. Mit der Verbreiterung des Jungfernstiegs um 1900 verlegte man zur Entlastung der Poststraße eines der Gleise über den Jungfernstieg.
Trotz elektrischer Straßenbahn dominierten noch Kutschen, Radfahrer und Handkarren die Szenerie. In der Bildmitte sieht man einen Mann auf einer langen Leiter in schwindelerregender Höhe, um die neue elektrische Straßenbeleuchtung in Betrieb zu nehmen.

Already in 1894 the electrical streetcar started services on the ring line around the city centre.
Originally the streetcar line ran from city hall to the Gänsemarkt (goose market) through the narrow Poststrasse and Gerhofstrasse. Along with the widening of the Jungfernstieg around 1900, some of the tracks were transferred to the Jungfernstieg to relieve congestion on the Poststrasse.
Despite electrical streetcars; horse carriages, bicylclists and wheelbarrows dominated the scene. In the middle of the photo you see a man climbing a ladder to a staggering height in order to put into operation the new electrical street lighting system.

Jungfernstieg, um 1901 | *Jungfernstieg, around 1901*

Alsterpavillon | *Alster Pavilion*

Bereits seit 1799 prägte der Alsterpavillon das Bild am Jungfernstieg. Mehrfach hatte man das Gebäude abgerissen und immer wieder dem Zeitgeist angepasst neu errichtet. Es stammt von keinem Geringeren als dem Hamburger Architekten Martin Haller. Rund 10 Jahre später war Haller am Bau des neuen Hamburger Rathauses beteiligt. Neben zahlreichen Privatvillen und Kontorhäusern stammen das ursprüngliche HAPAG Haus am Alsterdamm und die Laeiszhalle am heutigen Karl-Muck-Platz von ihm.

Since 1799 the Alster Pavilion has shaped the backdrop of the Jungfernstieg. The pavilion has been torn down many times and rebuilt to suit the spirit of the times. It originates from the Hamburg architect Martin Haller. Around 10 years later Haller was also involved in the planning of the new Hamburg city hall. Apart from numerous private villas and offices, the HAPAG building on the Alsterdamm and the »laeiszhalle« located on the present Karl Muck Square, these buildings were by him as well.

Alsterpavillon, um 1890 | *Alster Pavilion, around 1890*

PANORAMA
EINFAHRT
HAFEN
NEW YORK

Binnenalster und Alsterpavillon | *Binnenalster and Alster Pavilion*

Mit der Verbreiterung des Jungfernstiegs um 1900 musste der Alsterpavillon von Haller weichen. Es folgte der vierte, hier zu sehende Neubau.
Im Vordergrund scheint sich ein Familienvater, assistiert von seinem Sohn, große Mühe zu geben, sein gemietetes Boot auf Kurs zu halten.
Die Alsterdampfschiffe links vom Alsterpavillon erhielten mit dem Umbau des Jungfernstiegs eine 175 Meter lange Anlegestelle. Der vordere Alsterdampfer trägt den Namen »St. Georg«. Unter gleichem Namen fährt heute das älteste erhaltene Schiff der Alsterflotte, für die Alsterreederei 1876 auf der Hamburger Reiherstiegswerft gebaut.

The Jungfernstieg was widened around the 1900s and therefore the Alster Pavilion had to give way to the new construction. Here you can see the fourth new pavilion.
In the foreground a father, assisted by his son, makes an effort to stay on course with his rental boat.
After the reconstruction of the Jungfernstieg, the Alster steamships were able to dock at the new piers which were 175 metre long. The steamship up front carries the name »St. Georg«. The oldest and best preserved ship which still carries the same name, is still in service for the Alster fleet. It was built in 1876 in the Hamburg Reiherstieg dockyard for the Alster shipping company.

Binnenalster und Alsterpavillon | *Binnenalster and Alster Pavilion*

Die Außenalster | *The Außenalster*

»Alsterlust« | *»Alsterlust«*

Unmittelbar an der Lombardsbrücke befand sich einst die »Alsterlust«, eine im Pavillonstil auf Pfählen errichtete Badeanstalt – selbstverständlich mit getrennten Becken für Männer und Frauen!
Bis Kriegsende war sie ein begehrter Treffpunkt. Ehrwürdige Hanseaten aus den Büros am Alsterdamm entpuppten sich in der Alsterlust als tüchtige Schwimmer. Unter den Mitgliedern des Schwimm-Clubs »Alster« war auch kein Geringerer als Hans Albers.
Der Badespaß in der Alsterlust war beendet, als die Alster mehr und mehr verschmutzte, der hölzerne Bau Moos ansetzte und das Bad schließlich aufgrund hygienischer Bedenken geschlossen werden musste.
Im Sommer 1949 entfernte man die Reste des hölzernen Laufstegs.

The »Alsterlust« was once located not far from the Lombardsbrücke (Bridge).It was erected in pavilion style on stakes and served as a public swimming bath, of course with separated pools for men and women.
It was a popular meeting place until the end of the war. Dignified Hanseats from offices on the Alsterdamm turned out to be quite efficient swimmers during their midday break at the Alsterlust. Among the members of the swimmer's club »Alster« was the famous singer Hans Albers.
The joy of swimming at the Alsterlust came to an end when it became apparent that the Alster was becoming dirty. Due to the moss built up on the wooden construction, it was decided to close the public swimming bath as hygiene problems arose.
The rest of the wooden walkway was removed in the summer of 1949.

Brücke zur Alsterlust, um 1904 | *The bridge to the Alsterlust, around 1904*

Fährhaus Uhlenhorst | *Ferry Station Uhlenhorst*

Vom gegenüberliegenden westlichen Ufer der Außenalster blicken wir hinüber nach Uhlenhorst. Hinter dem Feenteich, am Ende der Schönen Aussicht Ecke Fährstraße entstand um 1870 das nach Plänen von Martin Haller erbaute Uhlenhorster Fährhaus.
Im Zweiten Weltkrieg zerstörten Bomben das damals sehr beliebte Ausflugslokal. Heute befindet sich an der Stelle ein Park mit einer der wenigen Freilaufflächen für Hunde.

From the opposite western bank of the Aussenalster we look across to Uhlenhorst. Behind the Feenteich (pond) at the end of Schöne Aussicht corner of Fährstrasse, the Uhlenhorst ferry station was built in 1870 according to the plans of Martin Haller.
In Second World War, bombs destroyed this very popular place to take day trips and outings. Today on this same location there is a park which has one of the few open areas for dogs.

Fährhaus Uhlenhorst, um 1906 | *Ferry Station Uhlenhorst, around 1906*

Die Außenalster | *The Außenalster*

Alsterschwäne | *Swans on the Alster*

Bei Strafe war es verboten, die Höckerschwäne auf der Alster zu verletzen oder auch nur zu beleidigen. Man glaubte, Hamburg bliebe so lange Hansestadt, wie es Schwäne auf der Alster gäbe. Deshalb stellte der Rat der Stadt die Tiere 1664 unter besonderen Schutz. Seit mehr als 400 Jahren schmücken sie als lebende Wahrzeichen der Stadt Hamburg Binnen- und Außenalster.
Eine Mühlenabrechnung aus dem Jahre 1591 belegt die bereits damals erfolgte Versorgung der Alsterschwäne mit Gerste und Hafer auf öffentliche Kosten. Seit 1818 sorgte ein städtisch bezahlter »Schwanenvater« für das Wohl der Tiere. Jährlich im November werden die etwa 200 Schwäne von ihm per Boot in ihr Winterquartier auf den eisfrei gehaltenen Eppendorfer Mühlenteich gebracht.

It is prohibited by law to injure, to kill or to insult the mute swans on the Alster. One believed that Hamburg would remain a Hansestadt as long as there were swans on the Alster.
Thus the city council put the animals under special protection in 1664. For more than 400 years the swans have been the living decorative symbol of the City of Hamburg in the Binnen- and Aussenalster.
A mill settlement dating from 1591, had started with the caring and feeding of the Alster swans with barley and oats financed through public funds. Since 1818, a »swan caretaker« has been taking care of and watching out for them. Every year in November, he gathers the 200 swans by boat and brings them to their winter quarters on the ice-free Eppendorfer Mühlenteich (pond).

Alsterschwäne, um 1903 | *Alster swans, around 1903*

Am Binnenhafen | *The Inland Port*

Binnenhafen | *Inland Port*

Als offizielles Gründungsdatum des Hamburger Hafens gilt der 7. Mai 1189.
Wir blicken auf den Binnenhafen, das Gewässer zwischen Kehrwieder im Süden und Kajen im Norden, in einer Aufnahme eines französischen Fotografen um 1880. Im morgendlichen Dunst ist hinter Schuten, Masten und Duckdalben die Hohe Brücke zu erkennen.
Links sehen wir die Häuser des Butenkajen, hinter der Hohen Brücke blicken wir zur Deichstraße und zur Mündung des Nikolaifleets in den Binnenhafen. In dem sechsstöckigen Gebäude an der Hohen Brücke befand sich bis 1848 die Kgl. Hannoversche Postverwaltung.

The official founding day of the Hamburg Harbour is May 7th 1189.
Here we have a view of the inland port and the waters between Kehrwieder in the south and Kajen in the north taken from a French photographer around 1880. In the morning haze behind the barges, masts and water pylons you can see the Hohe Brücke (High Bridge).
On the left side you can see the houses of the Butenkajen, behind the High Bridge there is a view of the Deichstrasse and the estuary where the Nikolaifleet (canal) flows into the inland-port. In the six-store building located at the High Bridge, the Königlich Hannoversche Postverwaltung (Royal Hanover Post Administration) had their offices until 1848.

Blick auf den Binnenhafen, um 1880 | *View of the inland port, around 1880*

Am Binnenhafen | *The Inland Port*

Deichstraße | *Deichstraße*

Während dieser Aufnahme stand der Fotograf auf der Hohen Brücke und lenkte den Blick des Betrachters gen Westen auf die Hinterhäuser der Deichstraße.

Das schlanke Giebelhäuschen Hohe Brücke No. 1 an der Fleetseite hatte es ihm angetan. Hier empfahl sich der Ship-Chandler J. G. Hauthal. Im Erdgeschoss war ein Cabinet zum Haarschneiden, Frisieren & Barbieren eingerichtet.

Das Feuer des in den Häusern Deichstraße 19, 20 ausgebrochenen Stadtbrandes von 1842 verschonte diese Häuser und die Hohe Brücke. Sie fielen dann beim Bau der Speicherstadt ab Mitte der 1880er Jahre der Spitzhacke zum Opfer, ebenso wie die Häuser in der schmalen Gasse Binnenkajen.

During the shot of this picture the photographer was standing on the Hohe Brücke (High Bridge) and directing the beholder's view towards the west facing the back courtyards and their houses of the Deichstrasse.

The narrow gabled building at Hohe Brücke no. 1 on the canal side seemed to appeal the photographer. On the main floor there was a barber and hairdresser.

In 1842 a fire broke out at the Deichstrasse nos. 19 & 20 which spared this house and luckily the High Bridge due to south west winds. In the middle of the 1880s they fell victim to the pickaxe due to construction of the warehouse district, as well as the houses in the narrow alleys of the Binnenkajen.

Häuser der Deichstraße | *Houses in the Deichstrasse*

Am Binnenhafen | *The Inland Port*

Neuer Kran | *New Crane*

Auf dieser Aufnahme des alten Binnenhafens erkennen wir das Gebäude der ehemaligen Königlichen Hannoverschen Post, gegenüber der Hohen Brücke No. 1. Mittelpunkt dieser Aufnahme sind der für den Hafenbetrieb unentbehrliche »Neue Kran« und die Ratswaage rechts dahinter unter der Blätterkrone einer Buche.
Seit 1858 steht der eiserne »Neue Kran« an dieser Stelle als Ersatz für den früheren »hölzernen Kran« aus dem Jahre 1567.
Die Neue Waage im italienischen Barockstil, 1678 erbaut von Hans Hamelau, fiel wenige Jahre nach dieser Aufnahme dem Abbruch zum Opfer.

We see once again on this photo of the inland port the building of the former Royal Hanover Post across from the High Bridge no. 1. The centre focus of this picture is the indispensable »new crane« for the harbour activities and the Ratswaage (municipal weighing machines) on the right side behind the crowned leaves of the beech tree.
Since 1858, the iron »new crane« is in this location. It replaced the old wooden crane from 1567.
The »Neue Waage« (new scales) built in Italian baroque style in 1678 by Hans Hamelau, fell victim to demolition some years later after this photo was taken.

Binnenhafen, Neuer Kran, um 1880 | *Inland port, New Crane, around 1880*

Am Binnenhafen | *The Inland Port*

Steinhöft | *Steinhöft*

Dort, wo heute attraktive moderne Bürolofts entstanden sind, wie etwa im »Haus am Hafen« und im »Haus am Fleet«, oder schicke Restaurants in historischen Kontorhäusern Gäste locken, fand man 1861 die hier wiedergegebene Szene am Alten Binnenhafen vor. Handkarren wurden am Straßenrand abgestellt und warteten darauf, mit Waren von den Seglern und Schuten beladen zu werden, die hier am Steinhöft festgemacht hatten.

Today where one finds attractive and modern office lofts such as »Haus am Hafen« and the »Haus am Fleet« along with chic restaurants in historical office buildings which lure visitors and guests alike was once a similar scene back in 1861 at the inland-port.
Handcarts are parked on the edge of the street and waiting to be loaded with goods from ships and barges which have been tied up at Steinhöft.

Binnenhafen, Steinhöft, 1861 | *Inland-port, Steinhöft, 1861*

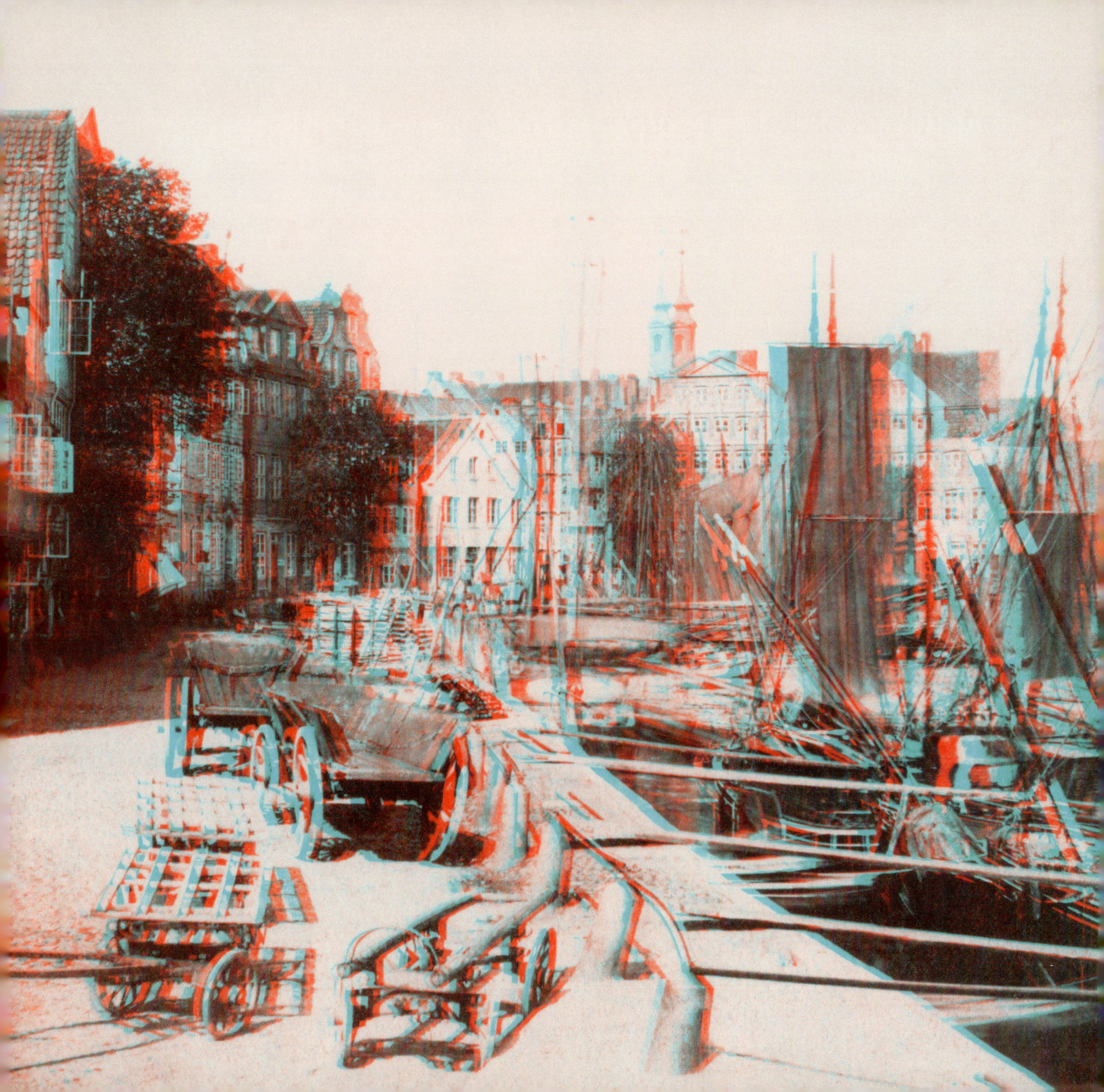

Landungsbrücken | *Landungsbrücken*

Da der Binnenhafen bereits im 18. Jahrhundert für große Segelschiffe zu eng und zu flach war, degradierte man ihn zum Liegeplatz kleinerer Hafenschiffe und legte westlich vom Niederbaum den Niederhafen an. Rund 400 Liegeplätze boten am Niederhafen Platz für Großsegler.
Für die neuen Dampfschiffe hat man in St. Pauli einen neuen Anleger geschaffen, der es ermöglicht, trockenen Fußes direkt »an Bord« gehen zu können: über bewegliche Brücken bei Ebbe und Flut mit dem Kai verbundene Pontons, die St. Pauli-Landungsbrücken. Die eisernen Brücken sind derart beweglich, dass der Tidenhub von etwa 3,60 Metern ausgeglichen werden kann.

Because the inland port in the 18th century became too narrow and shallow for bigger sailing vessels, it was regulated to a berth for smaller boats of the harbour and the lower harbour was set up in Niederbaum. There were about 400 berths for sailing vessels at the lower harbour.
In St. Pauli, a new pier was constructed for new steamships which allowed those to keep a dry foot onboard by high and low tides by moveable bridges that were connected with the dock, the St.-Pauli-Landungsbrücken. The iron bridges are able to compensate a tidal range of 3,60 meters.

Hafenansicht, Landungsbrücken | *View of the harbour, and the Landungsbrücken*

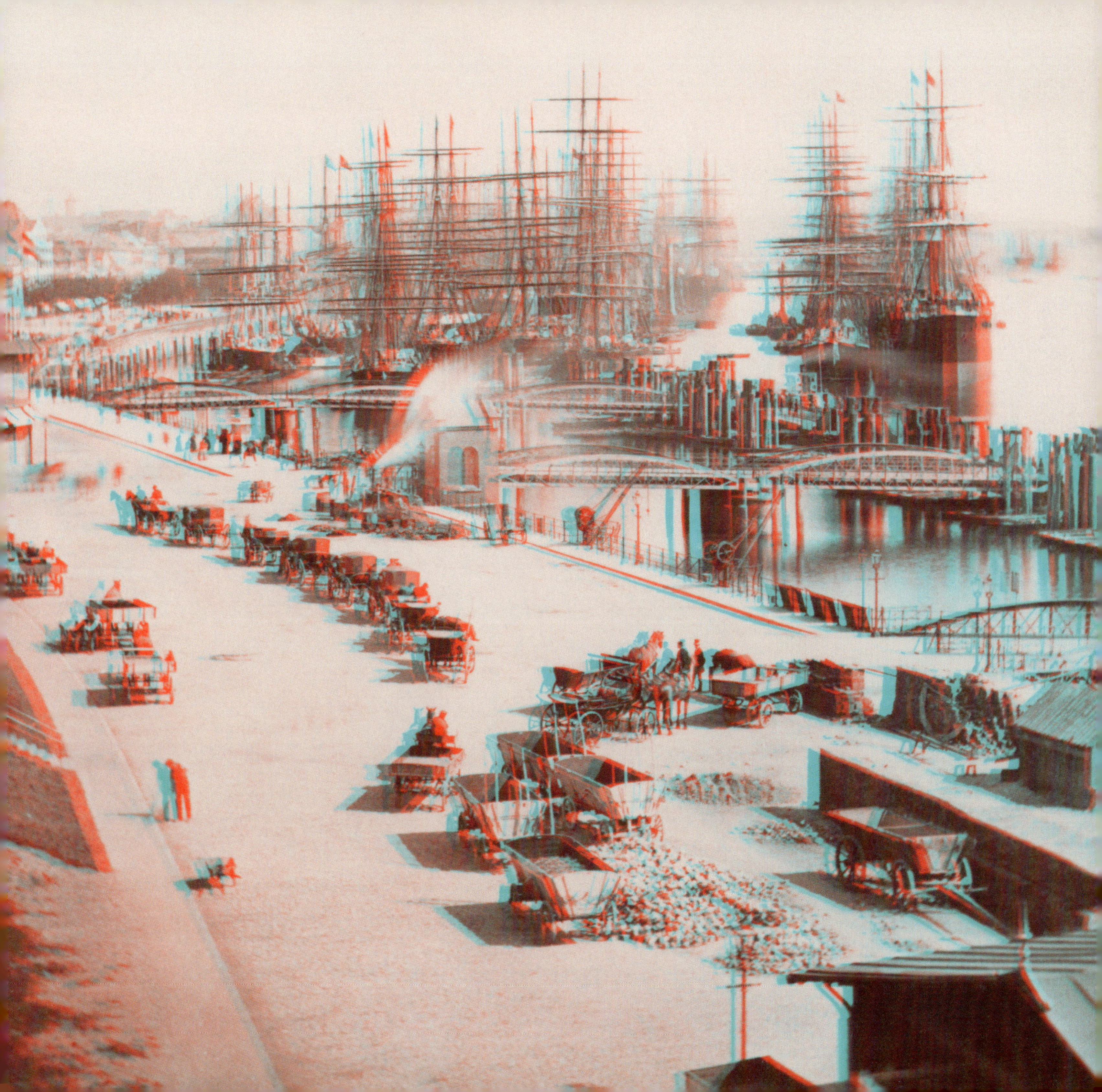

Jonashafen | *Jonashafen*

Von der ersten Landungsbrücke blicken wir auf den Jonas- und Hullhafen. Kaum zu erkennen auf dieser frühen Aufnahme um 1872 ist links das Hafentor vor der Straße Johannisbollwerk.
Im Vordergrund zwischen den Duckdalben sind einige Leichter im Strom zu sehen, die wohl auf die nächste Ladung warteten. Duckdalben nennt man jene Holzpfähle im Vordergrund, an denen die Schiffe festmachen.
Leichter sind die kleinen Boote ohne eigenen Antrieb, sie wurden meist im Verbund von einem Schlepper bewegt. In den Fleeten stieß sich der Ewerführer auch oft mit einem Peekhaken am Grund ab, um das Boot vorwärts zu bewegen.

From the first »Landungsbrücke« we have a view of the Jonas and Hullhafen (harbours). Hardly recognizable from this early picture dating from 1872 is the »Hafentor« or Harbour Gate in front of the street Johannisbollwerk.
In the foreground between the wooden mooring posts there are some »Leichter« (motorless boats) waiting to be loaded which were mostly moved by tugboats. In the canals, the motorless barges were steered by men who often used a hook which touched the canal bed and set the boat in motion.

Hafen vor der ersten Landungsbrücke / Jonashafen, um 1872 | Harbour before the first Landungsbrücke / Jonashafen, around 1872

Der Hafen | *The Port*

Segelschiffe | *Sailing Vessels*

Dieses 3-D-Bild eines französischen Fotografen zeigt den Niederhafen mit einem Meer aus Masten unzähliger Großsegler. Dicht an dicht lagen die Frachtsegler auf Reede – ein Stimmungsbild des Hamburger Hafens aus der Zeit um 1880, das Nostalgie versprüht.
Gut zu erkennen ist in dieser Szenerie die Enge des Hafenlebens im Niederhafen, lange bevor neue leistungsfähige Hafenbecken entstanden.

This 3-D picture taken by a French photographer shows the lower harbour with a sea of masts and numerous large sailing vessels. Here the cargo vessels are anchored closely together, a nostalgic spirited picture of the Hamburg harbour from around the time of 1880.
Here you can clearly sense the scenario of how constricted life at the Hamburg lower harbour was long before the high performance port basin came into being.

Segelschiffe im Hamburger Hafen | *Sailing Vessels at the Hamburg Harbour*

Der Hafen | *The Port*

Kehrwiederspitze | *Kehrwiederspitze*

Von der Kehrwiederspitze (der Name Kehrwieder bezeichnet eine Sackgasse) blicken wir auf das Zollhäuschen am Kehrwieder. Die Duckdalbenreihe rechts vom Zollschuppen trennte das rechts gelegene Freigatt vom Brandenburger Hafen.
In der Tiefe des Bildes erkennt man bis weit nach den St. Pauli-Landungsbrücken ein ausgedehntes Areal an Festmachplätzen. All die vielen Großsegler zu koordinieren und einzuweisen war vermutlich eine echte Herausforderung.
Doch auch die Seeleute mussten all ihr Können unter Beweis stellen, um ihr Schiff zum Beispiel bei Sturm ohne Havarie durch den Mastenwald zu manövrieren.

Looking from the Kehrweiderspitze (the name Kehrwieder means a dead end street) we see the customs house at the Kehrwieder. On the right side of the wooden mooring posts lies the customs shed which divides the »Freigatt« from the Brandenburger harbour.
Looking deep into the picture, you can see the St. Pauli-Landungsbrücken and an extensive area with berths and piers. It was quite a challenge at the time to coordinate and instruct all the big sailing vessels. The seamen had to prove their skills in order to manoeuver their ships, without damage or accident, through storms and through a sea of masts.

Kehrwiederspitze | *Kehrwiederspitze*

St. Pauli Fährhaus | *St. Pauli Ferry Building*

Ebenso wie das 1840 erbaute erste Fährhaus musste auch sein Nachfolgebau im Jahre 1871 der Erweiterung der St. Pauli-Landungsbrücken ostwärts weichen. Das hier abgebildete schmucke Gebäude stammt aus der Zeit um 1895. Es stand am Fuße des Stintfangs auf der Ostseite der Helgoländer Allee etwa an der Stelle, wo sich heute der Eingang zur U-Bahnstation »Landungsbrücken« befindet.
1943 trafen Bomben das Gebäude und beschädigten es schwer. Die Ruine wurde in den Nachkriegsjahren in Teilen weitergenutzt, bis das Gebäude schließlich Anfang der 1960er abgerissen wurde.
Im Hintergrund sieht man auf der Elbhöhe, dort wo heute die Jugendherberge steht, die Deutsche Seewarte.

The first ferry building built in 1840 had to yield to a new construction, in 1871 that same ferry building in turn was replaced to the east by a new one due to the expansion of the St. Pauli-Landungsbrücken. The charming and stylish building shown here originates from the time around 1895. It is situated at the foot of the Stintfang on the east side of the Helgoländer Allee somewhat on the site where presently the entrance to the subway (tube) station »Landungsbrücken« is located.
In 1943 the building was hit by bombs and severely damaged. The debris from the ruins was used in the post war period and then the building was completely demolished in the early 1960s.
In the background one can see the German Naval Observatory on the Stintfang where nowadays a youth hostel is situated.

St. Pauli Fährhaus und Seewarte | *St. Pauli Ferry Building and Naval Observatory*

Löwen-Bräu Hamburg

Kaiserspeicher | *Imperial Warehouse*

Über die Schleppdampfer blicken wir von den Vorsetzen Richtung Kaiserhöft auf das damalige Wahrzeichen des Hafens, den im Zweiten Weltkrieg stark beschädigten Kaiserspeicher. Sein Turm enthielt eine Zeitball-Anlage, die den Schiffern durch den jeden Mittag exakt um 12 Uhr fallenden Zeitball die Synchronisation ihrer Chronometer ermöglichte.
1963 sprengte man das Gebäude samt unzerstörtem intaktem Turm und ersetzte es auf der begradigten John'schen Ecke durch den Kaispeicher A, einen schlichten Speicherbau von Werner Kallmorgen.
Auf dessen Außenmauern mit dem markanten trapezförmigen Grundriss wird heute mit sehr viel Aufwand das neue Wahrzeichen Hamburgs errichtet: die Elbphilharmonie.

Our view takes us past the tugboat steamer in the direction of Kaiserhöft to the former landmark of the harbour which was severely damaged in Second World War: the Kaiserspeicher (Imperial Warehouse). Its tower contained a time-ball system which exactly at high noon enabled the ships to synchronize their chronometers.
The building together with the undamaged intact tower was blown up in 1963 and was replaced on the leveled John'schen Ecke through the Kaispeicher A, a plain and modest warehouse designed by Werner Kallmorgen.
On its exterior wall with a striking trapezoidal ground plan lie the plans for a very complex new landmark of Hamburg: the Elb Philharmonics.

Blick von den Vorsetzen nach Baakenhöft | *View from the Vorsetzen looking towards Baakenhöft*

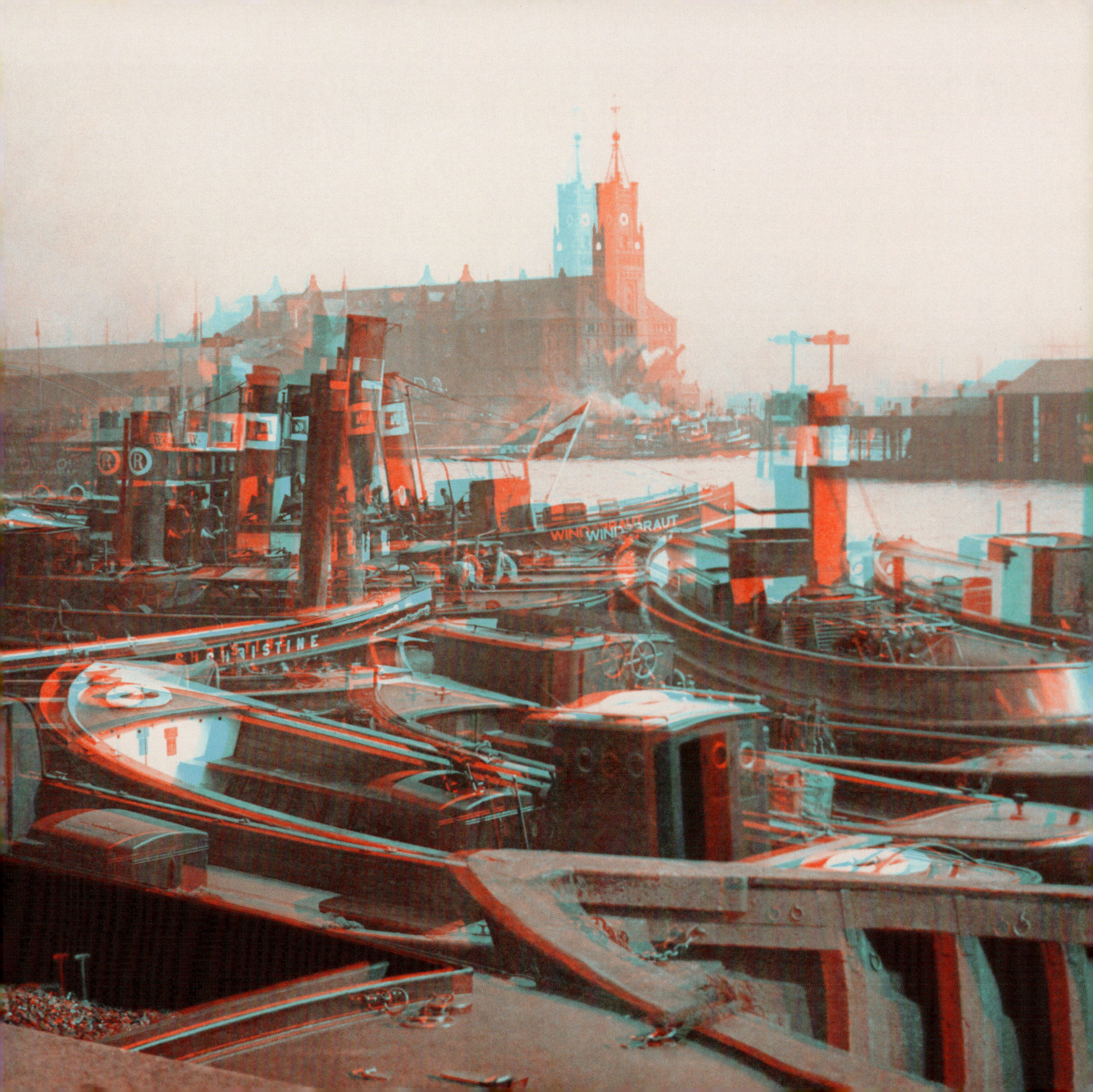
CHRISTINE

Kaiser-Wilhelm-Hafen | *Emperor William Harbour*

Auf dieser um 1910 entstandenen seltenen Stereokarte erkennen wir, wie sehr der Hamburger Hafen »unter Dampf« stand. Inzwischen haben Dampfer die Frachtsegler verdrängt.
Auch die Hafenerweiterung schritt schnell voran. Im 1899 erschlossenen Kaiser-Wilhelm-Hafen wurde eine Schute mit Hilfe eines elektrischen Krans von drei Hafenarbeitern befrachtet.
Diese Aufnahme der Stereo Travel Company ist eine Rarität, da die Firma ihre 3-D-Fotografen im Jahre 1910 nur ein einziges Mal nach Hamburg schickte, um Stereofotos zu erstellen.

Looking at this stereo card dating from 1910, we can see how the Hamburg harbour was really »steaming«. Meanwhile the steamers have replaced the sailing vessels.
The harbour expansion is progressing quickly. In 1899, the developed Emperor William Harbour, a barge is being loaded by three dock workers with the help of an electrical crane.
The pictures of the Stereo Travel Company are rarities. The company sent a photographer only one time to Hamburg in 1910 to deliver such stereophotos.

Kaiser-Wilhelm-Hafen, 1910 | *Emperor William Harbour, 1910*

JN

Die Fleete | *The Canals*

Bleichenfleet | *Bleichen Canal*

Die norddeutsche Bezeichnung »Fleet« – von fließen – meint meist künstlich angelegte Wasserverbindungen, die ursprünglich der Entwässerung dienten, später jedoch auch als Transportwege für Waren Nutzen fanden. Da der Wasserstand in den Fleeten mit der Tide schwankte, kam es zu Schlickablagerungen. Dies brachte eigens den Berufsstand der »Fleetenkieker« hervor. In langen Watstiefeln hatten sie die Aufgabe, die Fleete von Schlick und Unrat zu befreien und damit Sorge zu tragen, dass den Schuten immer ausreichend Wassertiefe zur Verfügung stand.

Diese historische 3-D-Aufnahme zeigt das Bleichenfleet mit der gleichnamigen Brücke im Hintergrund.

The north German word »fleet« coming from the word »fließen« (engl.: flow) describes mostly the artificially built waterways or canals which were originally meant to drain the water. However they were later used to transport goods. Because the water level in the canals varied there were quite often sludge deposits. This brought with it a new profession, the »canal keepers«. They wore long boots and it was their task to clear the canals of mud and filth so that the barges had enough water depth to navigate the canals.

This historical 3-D shot shows the Bleichen Canal along with a bridge with the same name in the background.

Bleichenbrücke und Fleet | *Bleichenbrücke (Bridge) and canal*

Die Fleete | *The Canals*

Nikolaifleet | *Nikolai Canal*

Das markanteste Fleet ist das breite Nikolaifleet. Sein Verlauf entspricht etwa dem historischen Verlauf des Mündungsarms der Alster, die bei der Hohen Brücke in den damaligen Binnenhafen mündete. Hier entstand im Mittelalter der erste schützende Hafen.
Den Blick auf die Katharinenkirche im Hintergrund gerichtet, zeigt uns der Fotograf den Abschnitt des Nikolaifleets von der Holzbrücke, auf der er seine Kamera positioniert hat, bis zur Reimersbrücke im Hintergrund. An Markttagen drängten sich hier die Fruchtewer, um ihr Obst und Gemüse zum nahegelegenen Hopfenmarkt zu bringen.
Zwischen Holzbrücke und Hoher Brücke befindet sich heute der letzte Fleetabschnitt mit typischer althamburgischer Bebauung. Dort stehen die unter Denkmalschutz gestellten Häuser der Deichstraße.

The most striking canal is the wide Nikolai Canal. Its route corresponds roughly to that of the historical route of the distributary of the Alster which flowed into the former inland harbour close to the High Bridge. The first protective port came into being back in the Middle Ages.
The photographer directs his view at the Katharinen Church and shows us a part of the Nikolai Canal taken from the Holzbrücke (Wooden Bridge) and looking beyond till the Reimersbrücke in the background. On market days boats filled with fruits and vegetables crowded the nearby hop market in order to bring their goods to the buyers.
Today between the Holzbrücke and the Hoher Brücke (High Bridge) you can see a part of the canal with typical old Hamburg architecture. The houses and building on the Deichstrasse are designated historical sites.

Fleet, bei der Reimersbrücke | *Canal near the Reimersbrücke*

Steckelhörnfleet | *Steckelhörn Canal*

Am eindrucksvollsten zeigt sich die Enge der schmalen, hohen Speicher wohl beim Betrachten dieser 3-D-Aufnahme des historischen Steckelhörnfleets. Schlank und hoch standen die alten Speicher am schmalen Fleet.
Das Steckelhörnfleet verlief zwischen der gleichnamigen Straße und der Katharinenkirche und war eine Verbindung vom Dovenfleet zum Nikolaifleet östlich der Cremon.

The most impressive thing about the historical canal called Steckelhörnfleet and viewed from the beholder of this 3-D picture are the constrictions of the narrow and high warehouses. Tall and slim are the old warehouses on the narrow canals.
The Steckelhörnfleet (canal) runs between the street bearing the same name and the Katharinen Church and once connected the Doven Canal to the Nikolai Canal east of Cremon.

Steckelhörnfleet, um 1906 | *Steckelhörn Canal, around 1906*

Steckelhörnfleet | *Steckelhörn Canal*

Nach Licht und Frischluft müssen sich die Menschen in diesen engen, dunklen Wohnungen am Fleet gesehnt haben, stehen doch viele Fenster der ans Fleet gebauten Häuser auf diesem Bild offen. Oftmals war es aber kein angenehmer Geruch, der vom Fleet nach oben drang, landete doch so mancher Abfall einfach in den Fleeten; selbst die in den vorkragenden Anbauten untergebrachten Aborte entleerten sich direkt in das Fleet.

The people must have longed for light and fresh air in these narrow and dark apartments on the canal. Many windows are opened in those buildings built on the canal. There often were not many pleasant odours which penetrated above and many times rubbish landed in the canals; even in the projected extensions where the toilets were to be found waste was emptied in the canals.

Steckelhörnfleet und Nikolaikirche, um 1878? | *Steckelhörnfleet (Canal) and Nikolai Church, around 1878?*

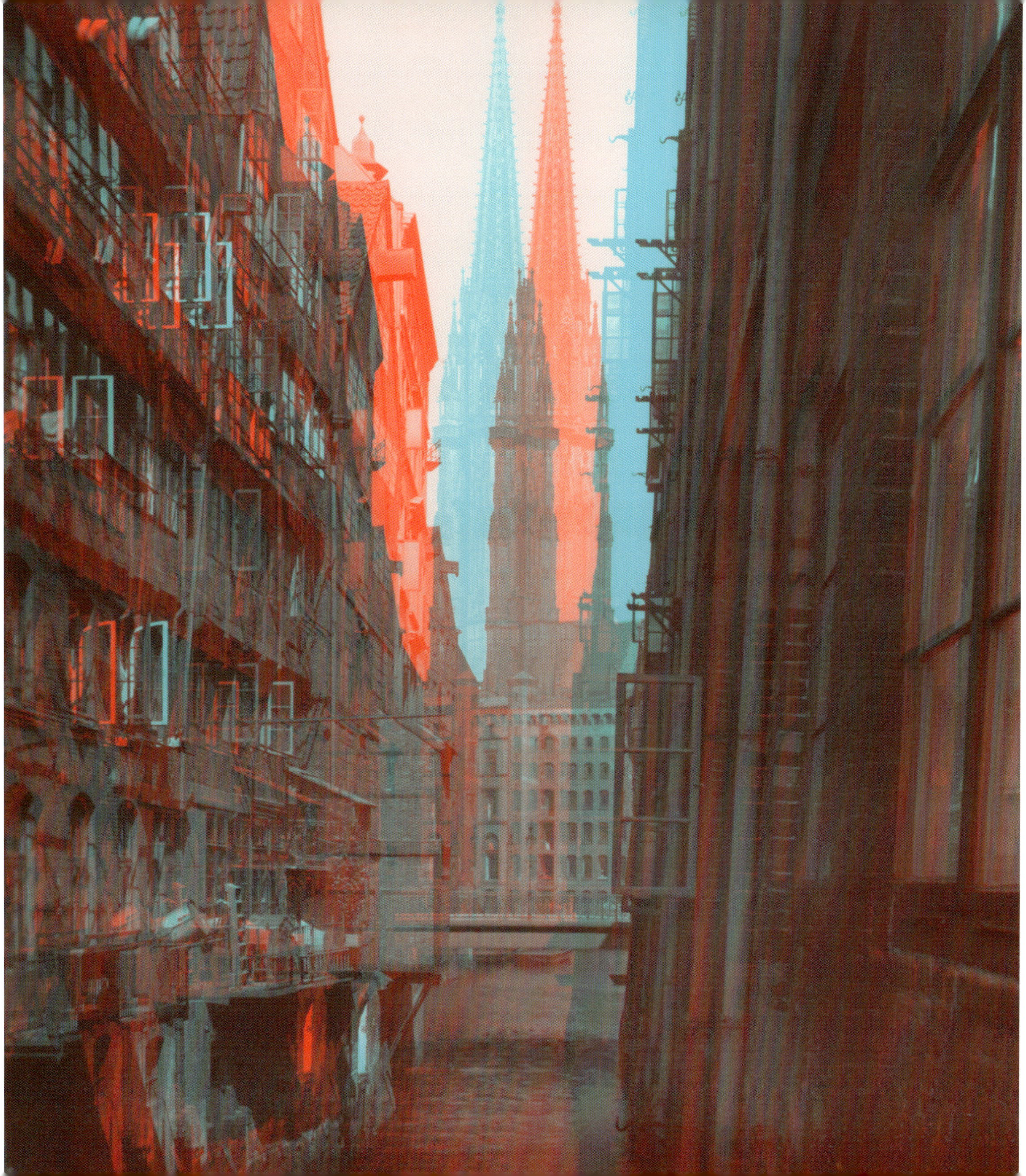

Zollenbrücke | *Zollenbrücke (bridge)*

Am Nikolaifleet blicken wir auf dieser Aufnahme aus dem Jahr 1861 in östlicher Richtung auf die 1633 aus Sandsteinquadern erbaute Zollenbrücke. Mit ihren drei unterschiedlich großen Bögen überquerte die massive Gewölbebrücke das damalige Gröningerfleet, das hier vom Nikolaifleet abzweigte. Knapp zehn Jahre nach dieser Aufnahme wurde die Brücke verbreitert und erhielt seitlich auskragende eiserne Konsolen, die allerdings in späteren Jahren wieder entfernt wurden.
Das im Hintergrund liegende Gröningerfleet wurde nach dem Zweiten Weltkrieg bis auf wenige Meter mit Trümmern verfüllt und verschwand mit dem Bau der Ost-West-Straße in den 1950ern.

Taking a glimpse from the Nikolai Canal in 1861 in the easterly direction, we see the sandstone built custom's bridge dating from 1633. The bridge has three different arches which cross the massive stone vault bridge on the Gröninger Canal which branches off from the Nikolai Canal. Ten years after this picture was taken, the bridge was widened and received towering iron consoles which were removed years later.
The Gröninger Canal seen here in the background was filled with debris after the Second World War and totally disappeared after the construction of the Ost-West-Strasse in the 1950s.

Zollenbrücke, 1861 | *Zollenbrücke (bridge), 1861*

Die Fleete | *The Canals*

Dovenfleet | *Doven Canal*

Auf der Wandrahmsbrücke hatte der Fotograf 1885 seine Kamera aufgestellt, um diese Aufnahme zu machen, rechtzeitig, bevor auch diese malerischen Fachwerkhäuser am Dovenfleet dem Freihafenbau weichen mussten.
Am Horizont sieht man den stolzen Barockturm der Katharinenkirche.
Das Dovenfleet war ursprünglich eine Verbindung vom Oberhafen zum Zollkanal, bis 1887 wurde es zum Zollkanal verbreitert, damit Schuten und Binnenschiffe das Freihafengebiet umfahren konnten.

The photographer has placed his camera on the Wandrahmsbrücke (bridge) in order to catch this shot in time before the picturesque half-timbered houses on the Doven Canal yielded to the construction of the free trade port.
In the horizon, the baroque tower of the Katharinen church rises up quite visibly.
The Doven Canal was originally a connection from the upper harbour to the Zoll Canal until 1887, then it was widened in order for the barges and inland waterway vessels to sail around the free trade port.

Dovenfleet, um 1885 | *Doven Canal, around 1885*

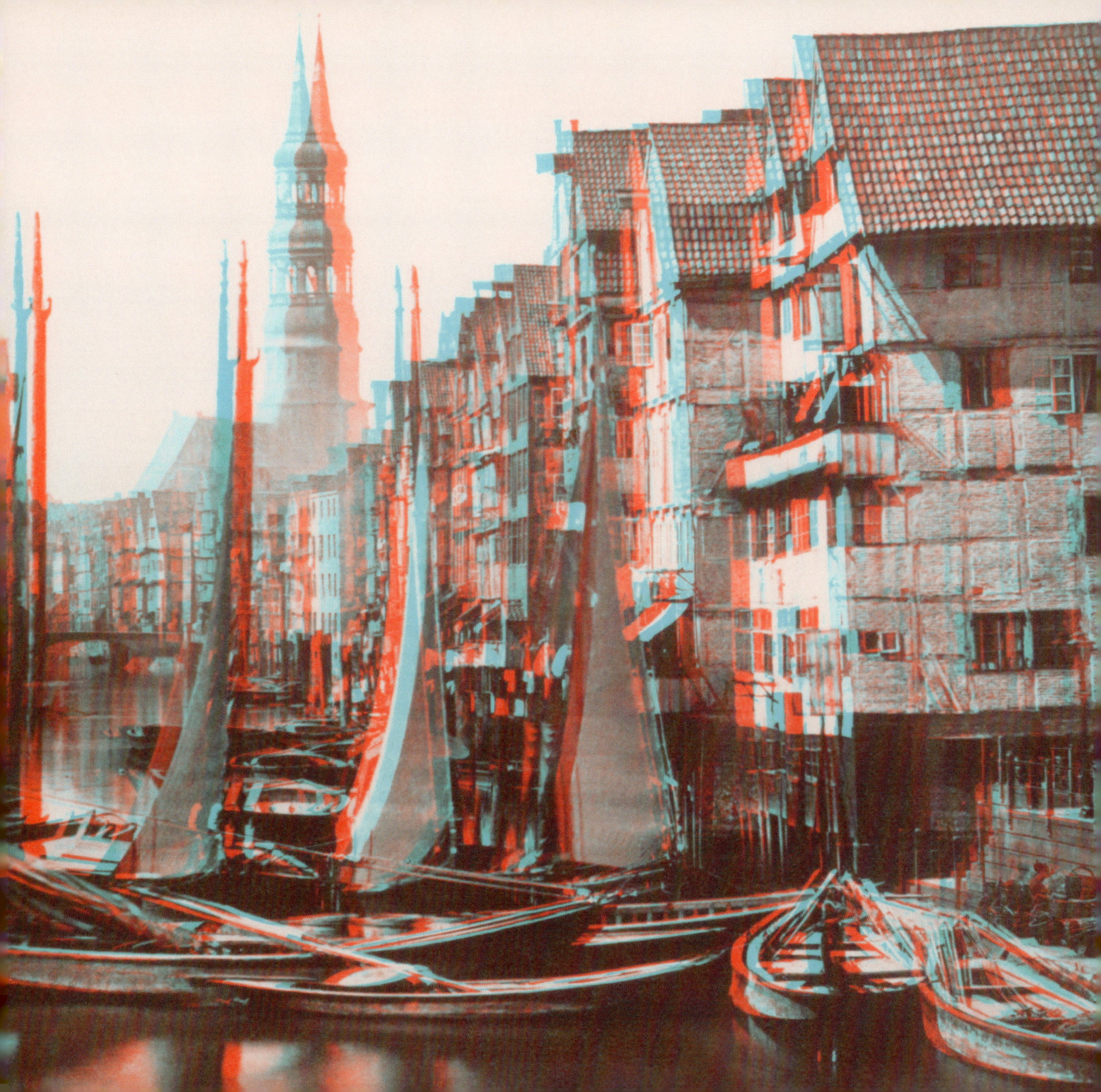

Gefängnis »Winserbaum« | *Prison »Winserbaum«*

Diese seltene 3-D-Aufnahme zeigt uns vorne links den »Winserbaum«, seinerzeit unter Hamburgern bekannt als das fidele Bürgergefängnis für verurteilte leichtsinnige Bankrotteure.
Der ansehnliche Barockbau hinter der Winserbrücke am Klingberg ist eines der wenigen Privathäuser, das der bedeutende Ingenieur und Architekt Ernst Georg Sonnin 1780 erbaute. Als man dem Gebäude 1875 ohne Einfühlungsvermögen ein weiteres Stockwerk aufsetzte, zerstörte man die Proportionen des Hauses und der Barockstil ging verloren.

This rare 3-D shot shows us at the left at the front the »Winserbaum«, in those days it was known to the people of Hamburg as the jolly civilian prison for citizens convicted for reckless bankruptcies.
The beautiful baroque building behind the Winserbrücke (bridge) is one of the few private houses that the prominent engineer and architect Ernst Georg Sonnin built back in 1780. In 1875 another floor was added what destroyed the proportions of the house so that it lost its baroque charm.

Winserbaum, um 1870 | Prison »*Winserbaum«, around 1870*

Klingbergfleet | *Klingberg Canal*

Der Fotograf dieser Aufnahme richtete seine Kamera auf das nach dem Zweiten Weltkrieg zugeschüttete Klingbergfleet und die gleichnamige Straße.
Über diesen Zugang zum Fleet trugen die Marktfrauen und Bauern ihre Obst- und Gemüsekörbe auf den Marktplatz am Meßberg, den man am rechten Bildrand sieht.
Das Klingbergfleet teilte sein Schicksal mit zahlreichen anderen Fleeten, die man mit dem Schutt der Ruinen des Zweiten Weltkriegs zuschüttete.
Das Straßenbild wurde 1906 noch von Kutschen und Karren geprägt.

The photographer of this photo set up his camera on the Klingberg Canal and the street carrying the same name, which was filled with rubble after the Second World War.
Through this access to the canal, the market women and farmers carried their baskets filled with vegetables and fruits to the market at Messberg. If we stand a little bit to the right, like the photographer, we get a view of the going-ons.
The Klingberg Canal shared its destiny with numerous other canals after Second World War where many canals were filled with rubble and debris.
The street scene was still marked by carriages and carts in 1906.

Meßberg, Klingbergfleet, um 1906 | *Messberg, Klingberg Canal, around 1906*

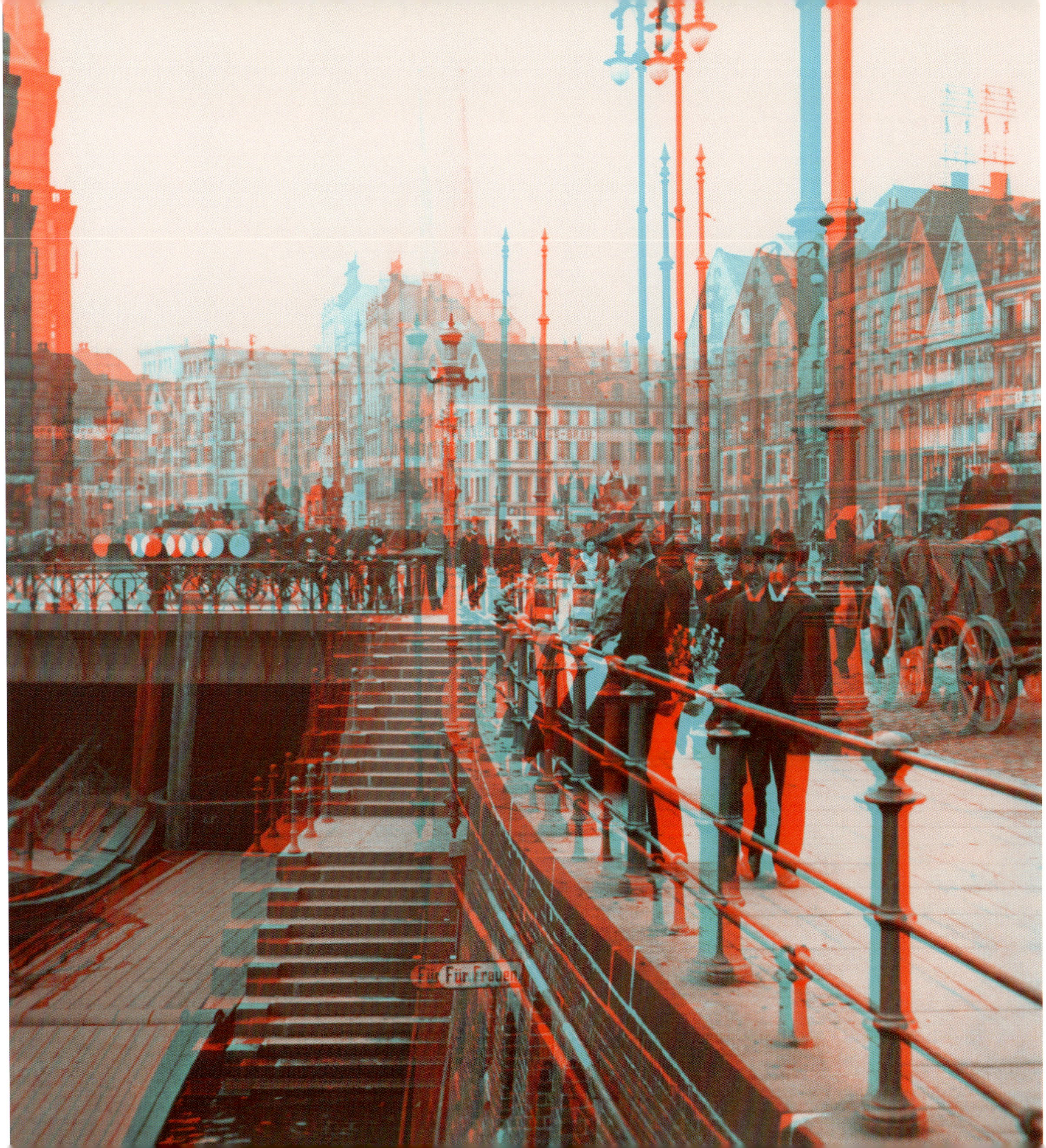
Für Frauen

Meßberg | *Messberg*

Vor seiner Bebauung diente der Meßberg offenbar als Lagerplatz von Unrat. Der seit 1458 belegte Name »mesberch« lässt sich wohl mit »Mistberg« übersetzen.
In der Bildmitte, vor der Samen-Handlung Helms, steht der 1878 errichtete Vierländer Brunnen. Um den Brunnen herum bauten Marktfrauen ihre Stände auf. Aufgetürmte leere Obstkörbe lassen auf das nahe Marktende zum Zeitpunkt der Aufnahme schließen.
Der Denkmalsbrunnen musste inzwischen mehrmals seinen Standort wechseln. Heute steht er auf dem Hopfenmarkt vor dem Mahnmal der Nikolaikirche.

Before construction at Messberg started, it was obviously used as storage yard for rubbish. The name »mesberch«, used since 1458 can also be translated into »Mistberg« (a play on words translating the name into Mist for rubbish and berg for mountain).
In the middle of the picture, in front of the seed plot store called Helms there is the Vierländer fountain erected in 1878. Around the fountain, market women have put up their stands. The empty piled fruit baskets give us an indication that the market day is coming to an end.
The monument fountain had to change its location many times. Nowadays it is situated on the Hopfenmarkt (market) in front of the Nikolai Church memorial.

Meßberg, um 1906 | *Messberg, around 1906*

H.Helms
Samen-Handlung
Destillation

Meßberg | *Messberg*

Dieses Bild vermittelt einen lebhaften Marktverkehr, Vierländer Bäuerinnen boten ihre Waren an, während ein Schutzmann der wilhelminischen Epoche die Szenerie durchschritt.
Rechts der Häuser Meßberg No. 2 bis 4, die wir hier im Bild sehen, ging es in die Fischertwiete. Sie verdankte ihren Namen den vielen Fischern, die sich einst hier niederließen. Als »Twiete« bezeichnete man übrigens jene zum Stadtbild Alt-Hamburgs gehörenden engen Durchgänge.
Nach dem Abriss der hier abgebildeten Häuser errichtete man um 1926 an ihrer Stelle das Chilehaus. Die Fischertwiete am rechten Bildrand überbaute der Architekt Fritz Höger mit dem Chilehaus.
Der Markt am Meßberg und der nahe gelegene Hopfenmarkt zogen 1911 auf den Deichtorplatz zum neu gebauten Großmarkt.

This 3-D picture conveys a lively market place, the Vierländen farmer's wives offer their goods while a constable strides through the Wilhelminian époque scenery.
To the right of houses Messberg number 2 till 4 which we see here in the picture, we proceed to the Fischtwiete. It thanks its name to the many fishermen who once settled down here. The word »Twiete« was used to describe a very narrow passage.
After the demolition of the houses shown here, the Chile House was built on its location in 1926. The Fischertwiete, on the right side of the picture was built over by the architect Fritz Höger where the Chile House stands now.
The market at Messberg and the nearby Hopfenmarkt (market) moved to the newly built wholesalers market at Deichtorplatz in 1911.

Markt auf dem Meßberg | *Market at Messberg*

Weinhandlung
Farben
Samen Handlung

Holländischer Brook | *Holländischer Brook*

Auf diesem Bild blicken wir von der Poggenmühle zum Wandbereiter Brook. Festgehalten hat der Fotograf auf dieser Aufnahme die letzten noch stehenden Haspelwinden, die noch nicht modernen Kränen weichen mussten. Mit ihnen konnten per Schiff kommende Güter direkt bis zum Speicher befördert werden. Links hinter der malerischen Winde standen die Häuser des Holländischen Brook, gegenüber die Rückseite der Häuser des Alten Wandrahm.

On this 3-D picture, we have a view looking from the Poggenmühle (mill) to the Wandbereiter Brook. The photographer was able to detain the last standing reel winch which did not have to yield to modern cranes. Goods arriving by ship were transported directly to the warehouses using them. To the left behind the picturesque winch are houses belonging to the Holländischen Brook (Dutch Brook), across the backside of the houses of the Alten Wandrahm.

Holländischer Brook | *Holländischer Brook*

Die Speicherstadt | *The Warehouse District*

Sandtorkai | *Sandtorkai*

Lange Zeit konnte Hamburg seinen Status als Freihandelsplatz behaupten. Doch als es Otto von Bismarck nach der Reichsgründung 1871 um die wirtschaftliche Einigung des Deutschen Reiches und die Beseitigung von Handelsbeschränkungen ging, forderte er Hamburg auf, dem Deutschen Zollverein beizutreten und die seit 1189 bestehende Zollgrenze um Hamburg aufzuheben.
Da dies für die Stadt den Verlust der Abgabenfreiheit bedeutet hätte, erreichte man erst nach langen, zähen Verhandlungen einen Kompromiss: die Einrichtung eines verkleinerten Freihandelsgebietes, des Freihafens.
Aus einem Fenster des Kaispeichers B am Magdeburger und Brooktorhafen blicken wir auf diesem Bild hinunter auf den neuen Speicherblock O am Sandtorkai und die Schuppen des Sandtorhafens.

Hamburg was able to keep its status as a free trade zone for a long time. After the founding of the German Reich in 1871, Otto von Bismarck wanted to unite all the German economic zones and do away with trade barriers. Bismarck requested Hamburg to join the German Customs Union and dissolve the actual customs barriers from 1189.
This would have meant for the city of Hamburg losing their exemption from duty. After long and tedious negotiations a compromise was agreed upon and the establishment of a small free trade zone, the »Freihafen« or Free Trade Port.
Looking out of a window from the Kaispeicher B at the Magdeburger and Brooktorhafen, we see the Speicherblock O (warehouse block O) on the Sandtorkai and the warehouses of the Sandtorhafen (harbour).

Freihafen, Sandtorkai, um 1905 | *Freihafen (Free Trade Port), Sandtorkai, around 1905*

Lagerhäuser | *Warehouses*

Ab 1885 entstand in drei Bauabschnitten die Speicherstadt am Kehrwieder. Bis 1888 waren etwa 60 Prozent fertig gestellt. Der dritte Bauabschnitt konnte erst nach dem Ersten Weltkrieg im Jahr 1927 abgeschlossen werden.
Die Stereokarte zeigt uns die Kopfbauten der zuerst entstandenen Blöcke A und J, sie bildeten zusammen die westliche Einfahrt in die Speicherstadt. Im Giebel des Blockes J erkennt man die dort angebrachte Uhr.
An der Stelle des im Krieg zerstörten Blocks J ragen heute die markanten Gebäude des Hanseatic Trade Centers auf.

The three construction phases of the warehouse district at Kehrwieder started in 1885. Almost 60 per cent of the construction was completed in 1888. The third phase was finally completed in 1927 after the First World War.
The stereocard shows us the buildings of the first built blocks A and J. They build together the westerly entrance into the warehouse district. In the gable of block J one can see a clock.
On the place where block J was destroyed during the war, you find nowadays the towering building of the Hanseatic Trade Center.

Freihafen – Lagerhäuser | *Freihafen – Warehouses*

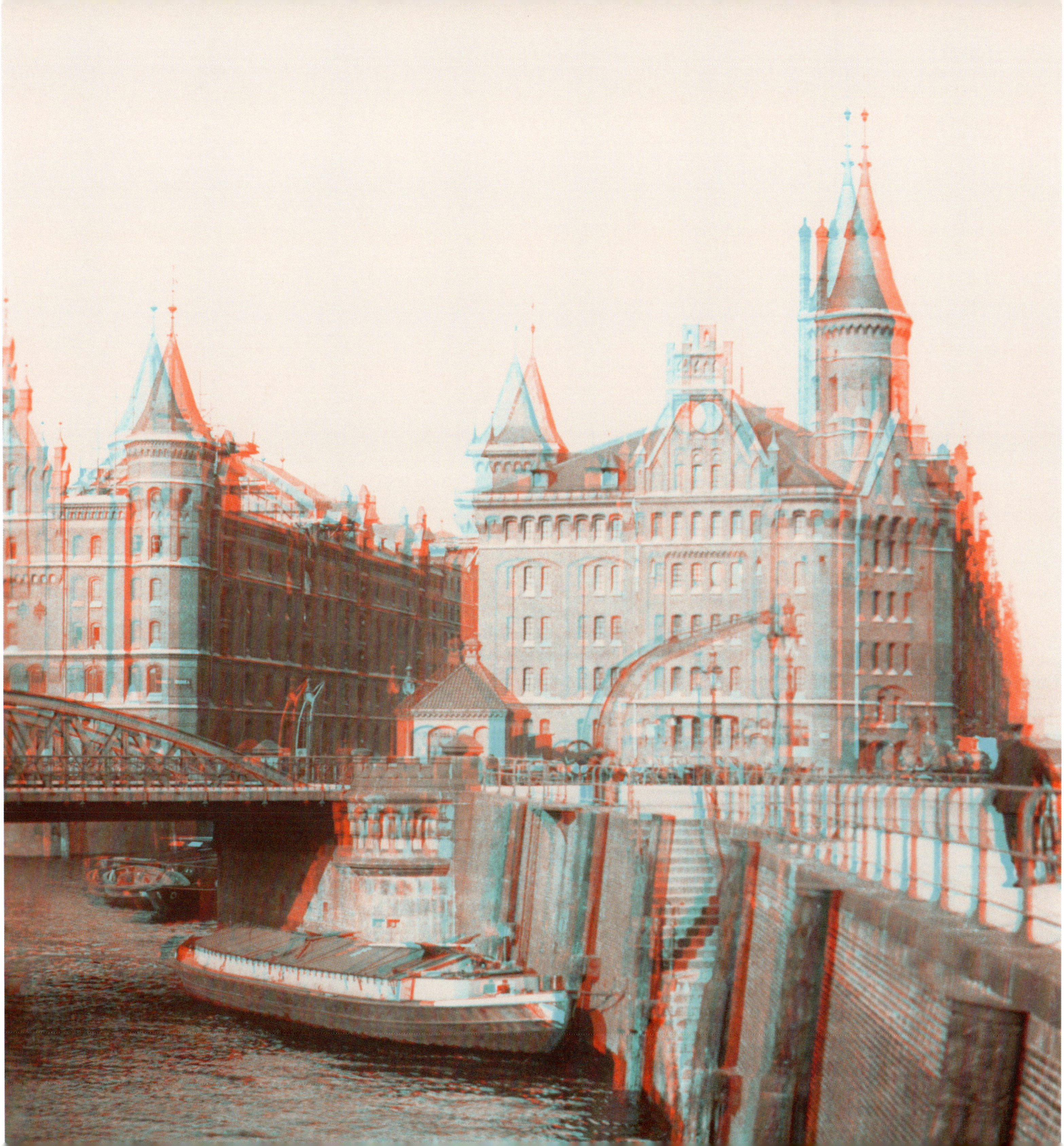

Freihafen | *Freihafen*

Diese Aufnahme aus dem Freihafengebiet zeigt das Kleine Fleet, eine Wasserverbindung vom Brooksfleet in den Zollkanal. Auf der Pickhubenbrücke im Vordergrund erkennt man zwei Pferdefuhrwerke. Die Kannengießerortbrücke führt den Blick des Betrachters auf die Katharinenkirche. Im Hintergrund erhebt sich der Turm von St. Nikolai.

This picture taken from the Freihafen area shows us the small canal, a waterway from the Brooksfleet (canal) in the Zoll Canal. On the Pickhubenbrücke (bridge) in the foreground you can see two horse carriages. The view leads us from the Kannengiesserortbrücke (bridge) to the Katharinen Church. In the background the towering steeple of the St. Nikolai Church can be seen.

Freihafen | *Freihafen*

Dit un Dat | *This and That*

Alter Fischmarkt | *The Old Fish Market*

Der Alte Fischmarkt liegt im ältesten Teil von Hamburgs Altstadt, zwischen der heutigen Brandstwiete und dem Domplatz.
In der Bildmitte sehen wir den 1889 fertig gestellten Kaiser-Karl-Brunnen, rechts dahinter das 1840 errichtete Johanneum. Im Bildhintergrund ragt der 1875/76 vollendete Turm der Petrikirche auf.
Der Alte Fischmarkt war nicht nur einer der ältesten Marktplätze Hamburgs (hier fand bereits seit 1358 reger Handel mit Fischen statt), sondern markiert gewissermaßen den Ursprung der Stadt: Nördlich vom Alten Fischmarkt hat man Reste der Hammaburg ausgegraben, der im 9. Jahrhundert gegründeten Keimzelle der Stadt.

The Old Fish Market is located in the oldest part of Hamburg's old town, between the present day Brandstwiete and the Domplatz.
In the middle of the picture we can see the finished Kaiser Karl fountain dating from 1889 and to the right the Johanneum erected in 1840. At the back of the picture, the completed tower of the Petri church dating from 1875/76.
The Old Fish Market was not only one of the oldest market squares in Hamburg (brisk commerce took place here back in 1358), but also in a given sense the origin of the city. North of the old fish market, the rest of the ruins from the Hammaburg were excavated, where the nucleus of the city was founded back in 9th century.

Alter Fischmarkt | *The Old Fish Market*

Steinkohlen
Hausbrand
A. Wachtmann
Rathhausmarkt

Kaiser Karl Brunnen | *Charlemagne Fountain*

Die Arbeiten am Kaiser Karl Brunnen begannen im Jahre 1888, im November des Folgejahres konnte der Brunnen eingeweiht werden. In der Mitte hatte die aus Backstein geschaffene Brunnenanlage eine mehrere Meter hohe Säule, die seitlich mit Glasmosaiken geschmückt war. Sie stellten Bischof Albert, Graf Adolf IV., Dr. Albert Kranz und Dietmar Koel dar. Im oberen Teil befand sich an jeder der vier Seiten ein Bronze-Wappen mit Löwenkopf.
Eine Statue Karls des Großen krönte den Brunnen. Als Gründer Hamburgs präsentiert er sich mit einer Burg mit drei Türmen in der Hand. Die durch Bomben im Zweiten Weltkrieg beschädigte Anlage wurde schließlich beseitigt. Die Statue Kaiser Karls steht heute in der Michaelisstraße vor dem »Kleinen Michel«.

The work on the Charlemagne Fountain started in 1888 and the following year the fountain was inaugurated.
In the middle, the brickstone fountain had a meter-high column which was decorated with glass mosaics. They represent the Bishop Albert, Count Adolf IV, Dr. Albert Kranz and Dietmar Koel. On the upper part of the fountain there were on each of the four sides a bronze emblem with a lion's head.
A statue of Charlemagne crowns the fountain. As the founder of Hamburg, he presents himself with a fortress and three towers in his hand. The fountain was damaged in the Second World War and removed. Nowadays, the statue of Charlemagne stands in the Michaelisstrasse in front of the »Kleiner Michel« (Small Michel).

Kaiser Karl Brunnen | *Charlemagne Fountain*

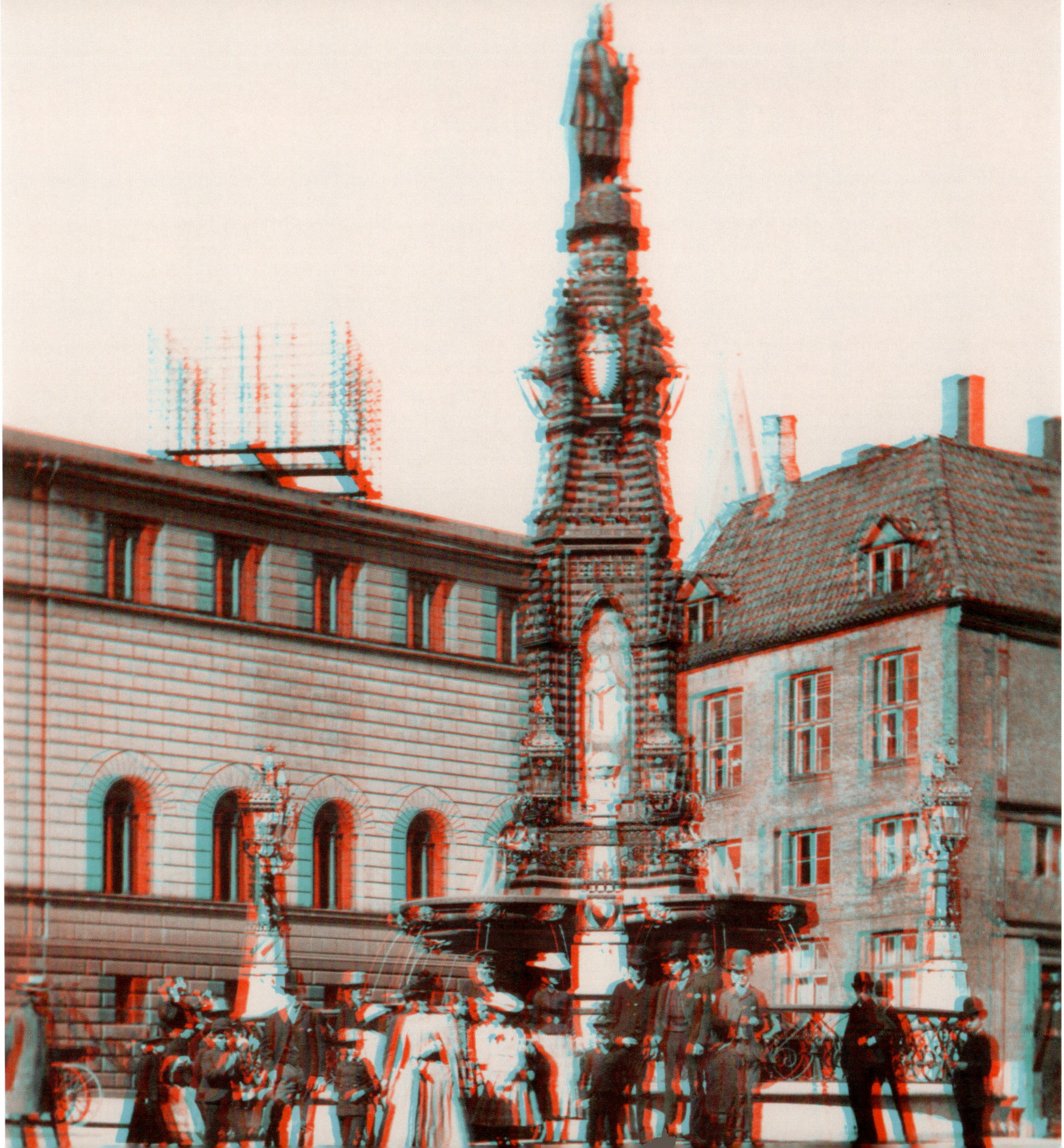

Lessing-Denkmal | *Lessing Monument*

Zum 100. Todestag des großen deutschen Dichters Gotthold Ephraim Lessing (1729–1781) errichtete man im Jahre 1881 auf dem Gänsemarkt das von Fritz Schaper entworfene Denkmal. Lessing wirkte von 1767 für drei Jahre als Dramaturg und Berater am Hamburger Nationaltheater, das seit 1765 am Platz des abgerissenen Opernhauses am Gänsemarkt stand.
Der Druck einer Bombe stürzte das Denkmal 1944. Das in Bronze gegossene Lessing-Denkmal stellte man 1955 wieder auf. Bei der Neugestaltung des Gänsemarktes 1986 versetzte man es an seinen heutigen Platz vor die Einmündung der Gerhofstraße. Dabei änderte die Skulptur ihre Blickrichtung. Ursprünglich schaute Lessing in Richtung seines Deutschen National-Theaters.

To commemorate the 100th anniversary of the death of the great German poet, Gotthold Ephraim Lessing (1729–1781), a monument was erected in 1881 at the Gänsemarkt (market), designed by Fritz Schaper. Lessing worked for 3 years as dramaturge and advisor at the Hamburg National Theatre, which has stood since 1765 on the same place where the Opera House was torn down at the Gänsemarkt.
In 1944 the monument toppled down under the pressure of bombs. In 1955 the Lessing Monument was put up once again. With the renovations of the Gänsemarkt (market) in 1986 the statue was transferred to its present location on the Gerhofstrasse. The sculpture changed its viewing direction, originally Lessing was looking towards his German National Theatre.

Lessing-Denkmal | *Lessing Monument*

Zahn-Atelier
SMATZ
LESSING
BRÄU
Lessing Hall

Bismarck-Denkmal | *Bismarck Monument*

Zu Ehren des ersten deutschen Reichskanzlers Otto von Bismarck entstanden Ende des 19. Jahrhunderts innerhalb der damaligen deutschen Grenzen an vielen Orten Bismarck-Denkmäler.
Unter dem Vorsitz des damaligen Hamburger Bürgermeisters Johann Georg Mönckeberg bildete sich nach Bismarcks Tod 1898 ein Komitee zur Planung eines Bismarck-Denkmals in Hamburg. Den ersten Preis des ausgeschriebenen Wettbewerbs gewannen der Architekt Johann Emil Schaudt und der Berliner Bildhauer Hugo Lederer für ihren Entwurf einer riesigen Rolandstatue, Bismarck in Rüstung und Mantel, auf ein Schwert gestützt. Nach dreijähriger Bauzeit konnte das Denkmal aus geschliffenem Granit am 2. Juni 1906 feierlich enthüllt werden.

To honour the first German Reich's Chancellor, Otto von Bismarck, many Bismarck monuments were erected at the end of the 19th century within the German borders back then.
Under the chairmanship of the then mayor of Hamburg, Johann Georg Mönckeberg, a committee was set up after the death of Bismarck in 1898 to plan a monument in his honour. The first prize of the competition was won by the architect Johann Emil Schaudt and the sculptor Hugo Lederer from Berlin for their design of a huge Roland statue with Bismarck in coat and armour and supported by a sword. After three years of constructing the statue made out of granite, it was officially unveiled on June 2nd 1906.

Bismarck-Denkmal, um 1906 | *Bismarck Monument, around 1906*

Dit un Dat | *This and That*

Schaarmarkt | *Schaarmarkt (Market)*

Diese Aufnahme zeigt den Schaarmarkt mit seinen Marktständen und einigen Händlern vor der im Hintergrund aufragenden St.-Michaelis-Kirche, von den Hamburgern liebevoll »Michel« genannt.
Die im Schatten liegende Häuserreihe links führte hinauf zur Englischen Planke.

This shot shows the Schaarmarkt (market) with stands and some vendors and in the background the towering Church of St. Michaelis which the people of Hamburg call affectionately »Michel«.
The row of houses lying in the shade to the left led to the Englische Planke.

Schaarmarkt und Michaeliskirche | *Schaarmarkt (Market) and the Church of St. Michaelis*

Eichholz Straße | *Eichholz Street*

Links vom Schaarmarkt liegt die Straße »Eichholz«, eine typische alt-hamburgische Straße.
Der Fotograf gewährt uns mit dieser überaus plastischen Aufnahme einen eindrucksvollen Blick in die bürgerliche Gemütlichkeit der damaligen Stadt. Er fotografierte die Straße und neugierige kleine Zuschauer. Die Kinder bestaunten den Fotografen mit seinem seltsamen Apparat.

Left hand to the Schaarmarkt you find a street called »Eichholz«, a typical old Hamburg street.
The photographer grants us with this shot an impressive view into the bourgeois laissez-faire of the city back then. He took pictures of streets with the local kids who lived and played there and of course belonged to the motifs. Curiously, they gaze in wonder at the photographer with his strange gadget.

Eichholz Straße | *Eichholz Street*

GARREN

Nikolaikirche | *Nikolai Church*

Als sich im 12. Jahrhundert die Nikolaisiedlung am Nikolaifleet gründete, errichtete man dort bereits 1195 eine Kapelle und weihte sie dem Schutzpatron der Seefahrt, dem heiligen Nikolaus. Die Mitte des 13. Jahrhunderts erneuerte dreischiffige Backsteinkirche fiel 1842 den verheerenden Flammen zum Opfer.
Der Baustil des Kölner Doms beeindruckte auch die Hamburger und man ließ sich vom namhaften englischen Architekten George Gilbert Scott den Entwurf für einen gotischen Neubau anfertigen. 1846 begannen die Bauarbeiten, die bis 1863 andauern sollten. 1874 war auch der Turm fertig gestellt.
Die sehr frühe und seltene Aufnahme des Fotografen L. Herzog zeigt die im Bau befindliche Kirche St. Nikolai, vermutlich um 1865.

Back in the 12th century when the Nikolai Settlement on the Nikolai Canal was founded, a chapel was built in 1195 and dedicated to the patron saint of the seamen, the holy Nikolaus. In the 13th century the renewed three-nave gothic brick church fell victim to the devastating fire or 1842.
The architecture of the cathedral in Cologne also impressed the population of Hamburg who in turn got the well-known English architect, George Gilbert Scott to draw up a new gothic church. Construction started in 1846 and lasted until 1863. The church tower was finished in 1874.
The very early and rare shot from the photographer L. Herzog shows us the construction in progress of the St. Nikolai Church, possibly around 1865.

Nikolaikirche, um 1865 | *Nikolai Church, around 1865*

Markt | *Market*

Marktfrauen mit Körben, gefüllt mit Äpfeln und Kartoffeln aus Vierlanden, posierten hier vor dem Stereofotografen, der im Auftrag von Underwood & Underwood in Hamburg unterwegs war.

Market ladies with baskets, filled with apples and potatoes from Vierlanden pose here for the stereo photographer, who on behalf of Underwood & Underwood is out and about in Hamburg.

Auf dem Markt, um 1894 | *At the Market, around 1894*

Elb-Brücke | *Bridge over Elbe-River*

Zu allen Zeiten stellte die Elbe für den Verkehr ein Hindernis dar, das es zu überwinden galt. Zu keiner Zeit war die Kapazität ausreichend, um dem aufkommenden Verkehr gerecht zu werden.
Auf dieser sehr frühen Aufnahme ist zu erkennen, dass die zweispurige Brücke über die Elbe noch nicht für den Eisenbahnverkehr freigegeben worden war.

The Elbe River always posed a hurdle for traffic which had to be overcome. There was never enough capacity to handle an increasing number of vehicles.
On this very early photo, it is quite visible that the two-track bridge crossing the Elbe River was not cleared for railway traffic.

Eisenbahnbrücke über die Elbe | *Railway Bridge over the Elbe River*

Zoologischer Garten | *Zoological Garden*

Bei dieser Aufnahme handelt es sich nicht, wie man vermuten mag, um ein Motiv aus Hagenbecks Tierpark, sondern um eine Aufnahme aus dem Zoologischen Garten. Er befand sich in der Nähe des Dammtors, dort, wo heute der Botanische Garten (auch bekannt als »Planten un Bloomen«) die Besucher erfreut.

This photo is not about what one would assume as being taken from the zoo Hagenbeck but rather from the zoological garden in Hamburg which was located at the time near Dammtor. Nowadays the botanical garden, called »Planten un Bloomen«, is located there and pleases its visitors.

Zoologischer Garten. Die beiden Elefanten | *Zoological Garden. The two elephants*

Weitere Bücher aus dem Wartberg Verlag

Voll im Trend: 3-D!

Peter Schnehagen
Hamburg in 3-D
Historische Stereofotos von Hamburg
120 Seiten mit Fotos, gebunden
ISBN 978-3-8313-2230-5

Thomas Emde / Uwe Fuhrmann
Ruhrgebiet in 3-D
Industriedenkmäler
60 Seiten mit Fotos, gebunden
ISBN 978-3-8313-2315-9

Hartmut Wettmann
Rheinland in 3-D
Historische Stereofotos entlang des Rheins
120 Seiten mit Fotos, gebunden
ISBN 978-3-8313-2233-6

Jürgen Bleibler / Martin Kohler
Zeppeline in 3-D
Stereofotos der frühen Luftschiffe
120 Seiten mit Fotos, gebunden
ISBN 978-3-8313-2232-9

Wartberg Verlag GmbH & Co. KG • Bücher für Deutschlands Städte und Regionen
Im Wiesental 1 • 34281 Gudensberg • Tel. 05603/9305-0 • Fax 05603/9305-28
www.wartberg-verlag.de • www.kindheitundjugend.de